オールカラー　ビジュアル版

親子で学ぶ　京女式《きょうじょしき》

しつけ術

「しつけ」が身についている子は、
友達に好かれ、勉学に力を注いでいます。
また、折々の判断力や行動や仕草も的確です。

はじめに

「しつけ」は人間形成の基礎をつくる上で大事な役割を持っています。しつけは、教え訓すことを形で表したものと考えています。形が整うと、安心して行動ができます。例えば、あいさつは「おはよう」から始まります。「おはよう」に慣れると、「おはようございます」という言葉が自然に生まれます。さらに、心を込めて挨拶ができるようになります。形は、心を育てる不思議な力を持っています。「しつけ」の基本は形を整えることです。

京都女子大学附属小学校は、行儀のよい学校づくりを目指しています。特に、「国語力は人間力」を合い言葉にして教育実践を積み上げています。その成果は、子ども達の日常の行動や言葉遣いに表れてきました。その教育成果の源を探っていくと、日頃の「しつけ」の徹底であることに気づきました。「しつけ」は、人づくり、学校づくりの大事な要因だったのです。京都女子大学附属小学校の教育のキーワードは「丁寧」です。丁寧に挨拶をする、丁寧な言葉を使う、丁寧にノートを使うなどを繰り返し指導しています。

幼稚園や保育園、小学校は、基本的な「しつけ」が、編み目のように張りめぐらされています。子どもが成長や生活を豊かにする上で「しつけ」は、欠くことのできないことばかりです。例えば、朝や帰りの挨拶や授業の始まりは、自分の椅子に座って待つこと、さらには、授業中、手をしっかり挙げることや姿勢を正す、名前を呼ばれたら「はい」と返事することが当たり前のことになっていくのが「しつけ」です。

保育園、幼稚園、小学校では、子ども達に次のように働きかけています。

「挨拶を正しくしましょう。」

「手をしっかり挙げなさい。」

「箒《ほうき》を上手に使って掃除をしなさい。」

と。しかし、「正しく」「しっかり」「上手に」という言葉だけが行き交うだけでは指導の効果はあがりません。どのようにすればいいのかわからないからです。手の挙げ方、箸の持ち方でも、「どうすればいいのか」を教えることが大事なのです。

本書は、京都女子大学附属小学校、京都幼稚園が行っている日々の「しつけ」です。「百聞は一見にしかず」の通り、見てわかるように写真や絵にしてまとめました。将来、社会に役立つ有為な人物になる可能性を持った一人ひとりの子ども達が、しつけの行き届いた教育を受けることは大切なことだと考えています。

「しつけ」が身についている子は、友達に好かれ、勉学に力を注いでいます。また、折々の判断力や行動や仕草も的確です。

この本を、多くの先生方や保護者の皆様の手元に置いてくださって、役立ててくださればうれしいと思っています。

京都女子大学教授
京都女子大学附属小学校校長
吉永 幸司

もくじ

●子どもの1日の生活を追って、家庭から学校の基本のしつけを網羅しました。

子どもにとって大切な1日の始まり、早寝・早起き、朝ごはん。

学校へ行ってからの勉強の基本や友だちづくり、あいさつのしかた。

家へ帰ってからの家庭学習など、すべてにわたってわかりやすく紹介。

●学校の学習、生活全般について、どうすれば心豊かで賢い子に育つか、人間力が養われるかという視点で紹介しています。

❶学習基礎編
座り方、鉛筆の持ち方、話し方、聞き方など、学習の基礎をしっかり覚えることは、学習力の基礎になります。

❷生活基礎編
はさみや定規など、道具の使い方、人に対するマナーなど、学校生活の基礎は、自立の一歩です。

❸学習編
ノートの書き方、音読の仕方、文の書き方、敬語、家庭学習など、子どもの学習力を伸ばすためのポイントを紹介しています。

④生活編

日直の仕事や休み時間の過ごし方、職員室の入り方、図書館の利用の仕方など、学校でのいろいろな生活のポイントを紹介しています。

⑤学校行事編

遠足や運動会、学校にはいろいろな行事があります。そんな行事や季節の授業のポイントなどもこれを見ればよくわかります。

④生活編《せいかつへん》

⑤学校行事編《がっこうぎょうじへん》

●幼稚園までのしつけが小学校へ進級してから伸びる子に育つカギになります。

年長組の1日の生活を通した様々なしつけ、食事やお片付けなど、幼稚園の時に覚えておきたいしつけなどをわかりやすく紹介しています。

●衛生面や安全面、防犯や災害など、日常気をつけたい危機管理についてポイントをわかりやすくまとめています。

本書の活用術

小学校の先生方へ

●学校で実行したい学習と生活のしつけのポイントをすべて紹介しています。その京女式しつけポイントを進めると学校や学級の日々が充実し、学力向上につながります。

●保護者会の席で役立ちます。保護者の方に家庭で必要なしつけを提示したり、学校ではこういうしつけを行っているというコミュニケーションツールとして活用してください。

小学校低学年のお子さんをお持ちのお母さん、お父さん、保護者の方へ

●子どもが朝起きて何をすればよいか、1日の学校生活はどのようになっているのか、学校へ行くとどういうことをしているか、家庭学習ではどこを押さえればよいかなど、お子さんの学力をアップするためのポイントが満載です。保護者の皆さんの知りたい学校生活がわかります。

幼稚園のお子さんをお持ちのお母さん、お父さん、保護者の方へ

●５歳までにしつけておきたいポイントが、実際の幼稚園の写真でよくわかるようになっています。このしつけのポイントを押さえておけば、賢い子に育つようになるでしょう。

●小学校での学習、生活の状況が、写真とイラストですべてわかるようになっています。小学校前にしっかり準備しておきましょう。

第１章
家庭～学校
基本生活のしつけ

早寝《はやね》・早起《はやお》き

京女式《きょうじょしき》ポイント

- 1日《にち》の始《はじ》まりである朝《あさ》が大切《たいせつ》です。
- 1日《にち》を充実《じゅうじつ》した日《ひ》にするエネルギーが早寝《はやね》・早起《はやお》き・朝《あさ》ごはん。
- 毎日《まいにち》、同《おな》じことをくり返《かえ》し、続《つづ》けることが重要《じゅうよう》です。

早寝《はやね》・早起《はやお》きをしましょう

目《め》がぱっと覚《さ》めた朝《あさ》が続《つづ》くと、心《こころ》も元気《げんき》になるよ

自分《じぶん》で起《お》きることが、自立《じりつ》の始《はじ》まりです。

朝《あさ》のあいさつをしましょう

おはようございます
おはようございます

朝《あさ》がさわやかだと、良《よ》いことがたくさんあります。

生活《せいかつ》リズムを整《ととの》えましょう

しっかり活動《かつどう》できる
健康生活
もぐもぐ
ぱくぱく
しっかり食《た》べられる
Zzz..
Zz
スヤ
スヤ
しっかり眠《ねむ》れる
なるほど…
この３原則《げんそく》のうち１つでも欠《か》けると、体《からだ》の調子《ちょうし》が崩《くず》れたり、気分《きぶん》が優《すぐ》れなくなったりしますよ！

朝《あさ》しっかり起《お》きることが続《つづ》くと、学校《がっこう》ではこんな良《よ》いことがあります

頭《あたま》がすっきりする

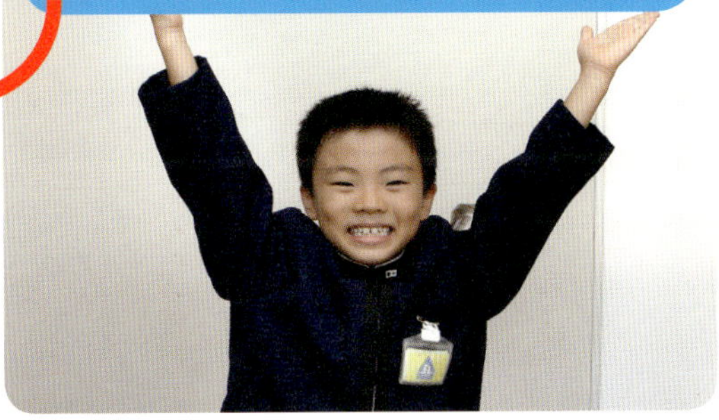

仲良《なかよ》く元気《げんき》に遊《あそ》べる

勉強《べんきょう》がしっかりできる

先生《せんせい》のお話《はなし》がよく聞《き》ける

歯《は》を正《ただ》しく磨《みが》く

京女式《きょうじょしき》ポイント

- 毎日《まいにち》の歯磨《はみが》きは「3」で覚《おぼ》えましょう。“1日《にち》3回《かい》、食後《しょくご》3分以内《ぶんいない》に3分間《ぷんかん》”
- 歯《は》の健康《けんこう》は、体全体《からだぜんたい》の健康《けんこう》につながります。

歯磨《はみが》きの仕方《しかた》

前歯《まえば》

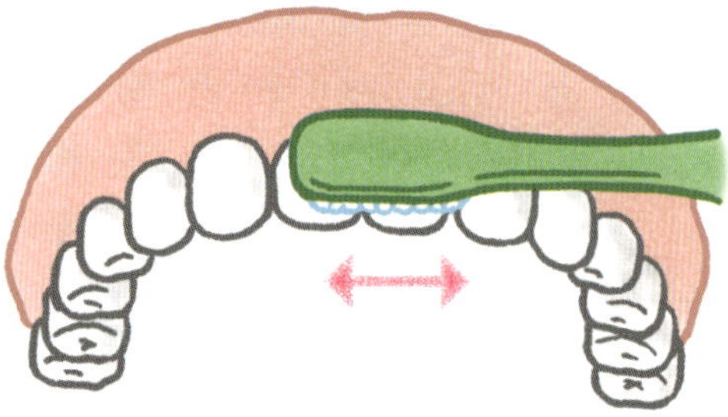

小刻《こきざ》みに横《よこ》に動《うご》かす。

奥歯《おくば》

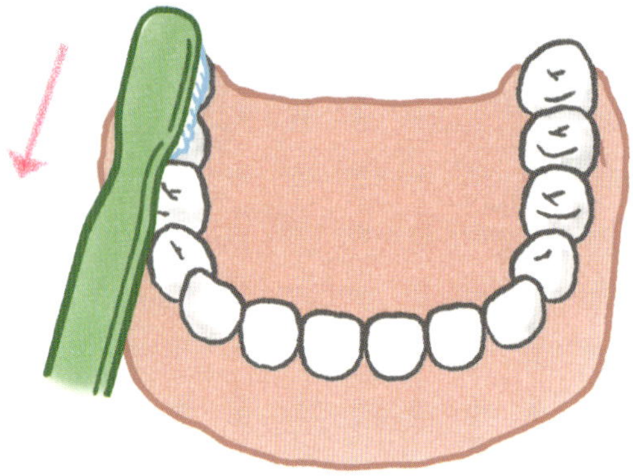

奥《おく》から前《まえ》へ動《うご》かす。

前歯《まえば》の内側《うちがわ》

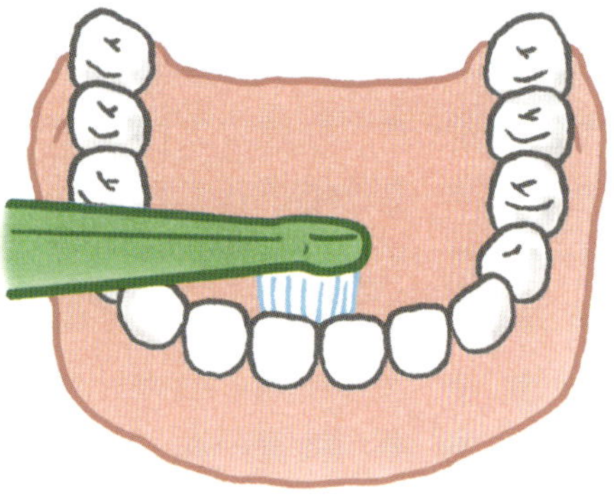

歯《は》ブラシを縦《たて》に使《つか》い、小《ちい》さく上下《じょうげ》に動《うご》かす。

歯《は》の外側《そとがわ》と内側《うちがわ》

歯《は》の外側《そとがわ》を磨《みが》くときは、歯《は》ブラシを歯《は》の直角《ちょっかく》に当《あ》てる。

歯《は》の内側《うちがわ》を磨《みが》くときは、歯《は》ブラシと歯《は》の角度《かくど》が45度《ど》になるように斜《なな》めに当《あ》てる。

- あまり力《ちから》を入《い》れ過《す》ぎず、歯《は》ブラシを細《こま》かく動《うご》かす。
- すみずみまで丁寧《ていねい》に。

歯《は》ブラシの持《も》ち方《かた》

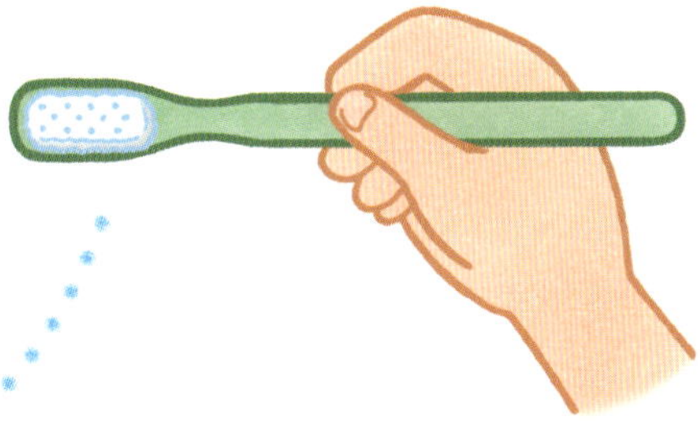

歯《は》ブラシの持《も》ち方《かた》は「鉛筆持《えんぴつも》ち」。親指《おやゆび》、人《ひと》さし指《ゆび》、中指《なかゆび》の3本《ぼん》で軽《かる》く持《も》つ。

子《こ》どもの歯《は》からおとなの歯《は》へ

6歳《さい》から12歳《さい》の間《あいだ》に、乳歯《にゅうし》（子《こ》どもの歯《は》）が抜《ぬ》けて、永久歯《えいきゅうし》（おとなの歯《は》）に変《か》わります。

一番奥《いちばんおく》には大《おお》きめの永久歯《えいきゅうし》が生《は》える
乳歯《にゅうし》が抜《ぬ》けて、永久歯《えいきゅうし》が生《は》えてきた

● 3年生《ねんせい》までは子《こ》どもだけの歯《は》ブラシでは磨《みが》き残《のこ》しがあるので、家《いえ》の人《ひと》が仕上《しあ》げ磨《みが》きをするとよい。

顔《かお》を洗《あら》う

京女式《きょうじょしき》ポイント

- 「顔《かお》を洗《あら》う」「朝《あさ》ごはんを食《た》べる」は人間《にんげん》づくりの基礎《きそ》。
- 不規則《ふきそく》な生活《せいかつ》は、いい加減《かげん》な心《こころ》を芽生《めば》えさせる素《もと》。
- 丁寧《ていねい》に続《つづ》けると賢《かしこ》い子《こ》になります。

顔《かお》を洗《あら》う

両手《りょうて》で水《みず》をすくって、顔《かお》を洗《あら》います。

顔《かお》をふく

タオルで水《みず》をぬぐいます。

いいかげんに、洗《あら》っていませんか？

朝《あさ》のさわやかチェック

規則正《きそくただ》しい生活《せいかつ》をしましょう。

1人で起《お》きたよ

顔《かお》を洗《あら》ったよ

歯磨《はみが》きしたよ

トイレをすませたよ

あいさつしたよ

朝《あさ》ごはんをしっかり食《た》べたよ

トイレに行《い》く

京女式《きょうじょしき》ポイント

- 毎朝《まいあさ》うんこをしてから学校《がっこう》に行《い》きましょう。
- うんこの形《かたち》で体《からだ》の調子《ちょうし》がわかります。
- トイレを正《ただ》しく使《つか》えるようになりましょう。

朝《あさ》、トイレに行《い》って、おなかをすっきりさせましょう

朝《あさ》、しっかりうんこを出《だ》すと、おなかもすっきり、気分《きぶん》もすっきり、学校《がっこう》で元気《げんき》に過《す》ごせます。

食《た》べ物《もの》が
うんこになって出《で》るまで、
18～24時間《じかん》かかるよ。

良《よ》いうんこはこんな形《かたち》

○ 良《よ》いうんこ

バナナのような形《かたち》のうんこ。

× 悪《わる》いうんこ

コロコロ小《ちい》さい堅《かた》いうんこ。

水《みず》のようなベチャベチャうんこ。

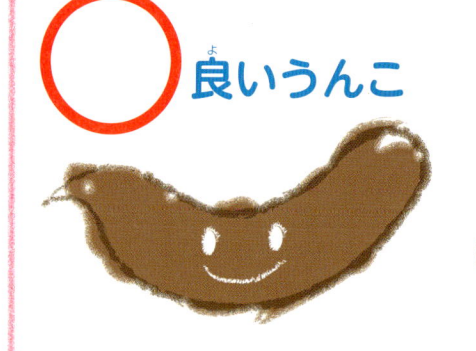

毎朝《まいあさ》、うんこを出《だ》すために

毎朝《まいあさ》、必《かなら》ずトイレに行《い》って便器《べんき》に座《すわ》って頑張《がんば》ってみる。

体《からだ》をしっかり動《うご》かす。

いろいろな野菜《やさい》を好《す》き嫌《きら》いせずに食《た》べる。

お茶《ちゃ》や水《みず》など水分《すいぶん》をしっかり摂《と》る。

和式《わしき》トイレを見《み》たことありますか？

これが和式《わしき》トイレだよ。
見《み》たことあるかな？

上《うえ》から見《み》る

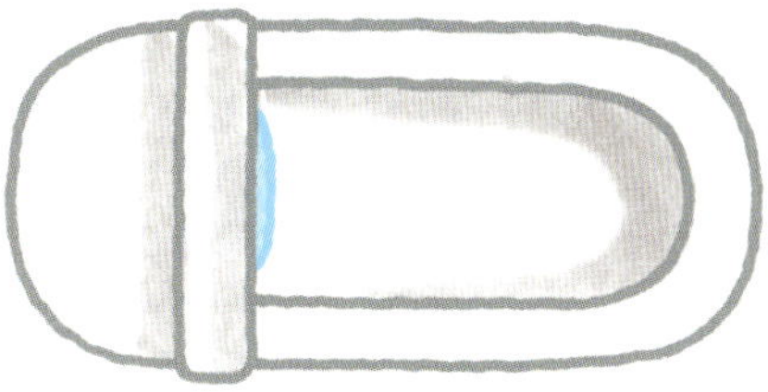

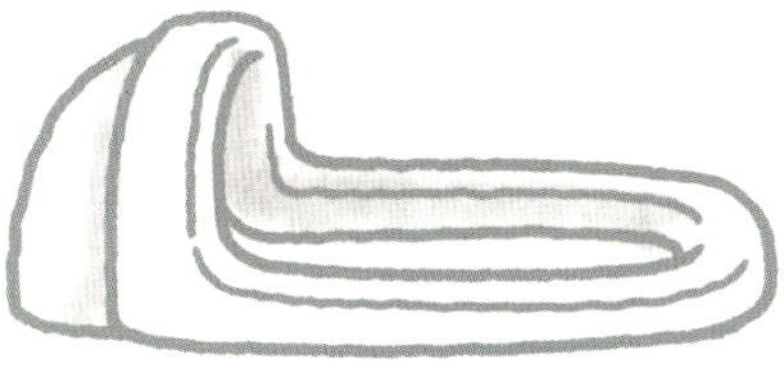

横《よこ》から見《み》る

上《うえ》から見《み》た足《あし》の位置《いち》

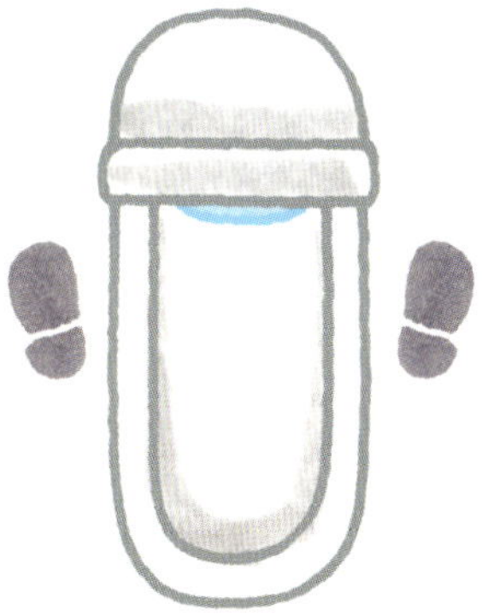

つま先《さき》を少《すこ》し外《そと》に向《む》けましょう。

食事《しょくじ》のマナー

京女式《きょうじょしき》ポイント

- 食《た》べることは生《い》きること。多《おお》くの命《いのち》をいただくことに気《き》づく始《はじ》まりです。
- 食《た》べ物《もの》の好《す》き嫌《きら》いは、人《ひと》の好《す》き嫌《きら》い、勉強《べんきょう》の好《す》き嫌《きら》いにつながります。

ちゃわんの正《ただ》しい持《も》ち方《かた》

ちゃわんの渡《わた》し方《かた》と受《う》け方《かた》

食《た》べ方《かた》の作法《さほう》を知《し》っておくと心豊《こころゆた》かな子《こ》に育《そだ》ちます。おかわりの時《とき》には、両手《りょうて》で落《お》とさないようにします。

料理《りょうり》の並《なら》べ方《かた》

手《て》を合《あ》わせて感謝《かんしゃ》の気持《きも》ちを表《あらわ》します。命《いのち》をいただくことを心《こころ》に感《かん》じさせるときです。

主菜《しゅさい》
主食《しゅしょく》
箸《はし》は手前《てまえ》に置《お》き、持《も》つ方《ほう》を右《みぎ》にする
汁物《しるもの》

ごはんの食《た》べ方《かた》

ごはんの食《た》べ方《かた》

味噌汁《みそしる》やおかずの合間《あいま》に少《すこ》しずつ、よくかんで食《た》べる。

味噌汁《みそしる》の食《た》べ方《かた》

初《はじ》めに汁《しる》を一口《ひとくち》飲《の》んでから、実《み》（具《ぐ》）を食《た》べる。

箸《はし》の持《も》ち方《かた》

京女式《きょうじょしき》ポイント

- 正《ただ》しい箸《はし》の持《も》ち方《かた》は正《ただ》しい鉛筆《えんぴつ》の持《も》ち方《かた》につながります。
- 指先《ゆびさき》に力《ちから》を入《い》れることは子《こ》どもの生活《せいかつ》の細部《さいぶ》に役立《やくだ》ちます。

箸《はし》を正《ただ》しく持《も》って、食《た》べましょう

無意識《むいしき》のうちに正《ただ》しく箸《はし》が持《も》てるようになると、細《こま》かなことに気《き》づいたり、考《かんが》えたりする子《こ》に育《そだ》ちます。

しっかり持《も》てるよ

箸《はし》の正《ただ》しい持《も》ち方《かた》

人《ひと》さし指《ゆび》
親指《おやゆび》
中指《なかゆび》で支《ささ》える

箸《はし》を開《ひら》いてみよう

動《うご》かす箸《はし》は
上側《うわがわ》だけ

箸《はし》の取《と》り方《かた》

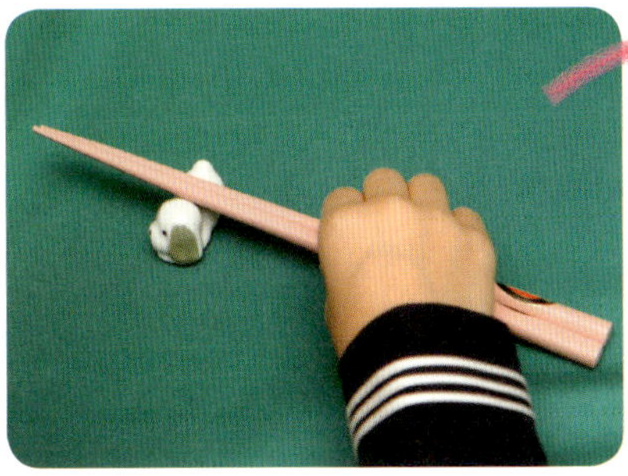

箸《はし》の真《ま》ん中《なか》を持《も》って、上《あ》げる。

左手《ひだりて》を添《そ》えながら、右手《みぎて》をずらす。

持《も》ち直《なお》しながら、左手《ひだりて》を離《はな》す。

箸《はし》の使《つか》い方《かた》いろいろ

つまむ

混《ま》ぜる

切《き》る

直《なお》してほしい箸《はし》の持《も》ち方《かた》

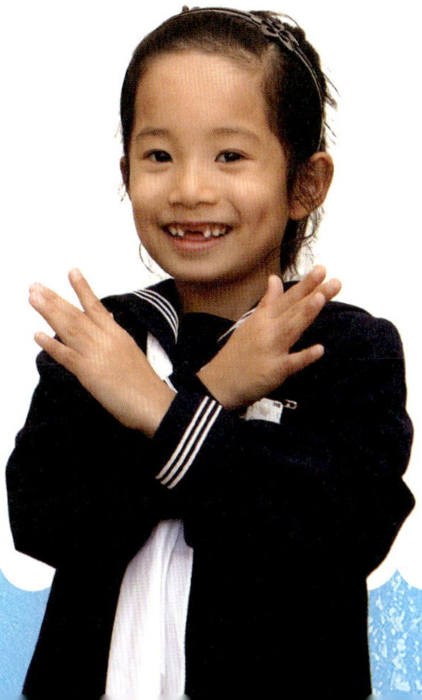

登校前《とうこうまえ》に確認《かくにん》すること

京女式《きょうじょしき》ポイント

- 登校前《とうこうまえ》に確認《かくにん》すると学校生活《がっこうせいかつ》が楽《たの》しくなります。
- 自分《じぶん》で確認《かくにん》することで１日《にち》の見通《みとお》しができるようになります。
- 少《すこ》しずつできるように時間《じかん》をかけます。

ランドセルの中身《なかみ》を確認《かくにん》しましょう

ランドセルの中身《なかみ》を確認《かくにん》しながら、学校《がっこう》生活《せいかつ》の様子《ようす》を見通《みとお》し、想像力《そうぞうりょく》をつけています。

お弁当《べんとう》を包《つつ》む

ハンカチ・ティッシュ

ランドセルを背負《せお》いましょう

母親《ははおや》の「よくできましたね」の一言《ひとこと》が自信《じしん》につながります。

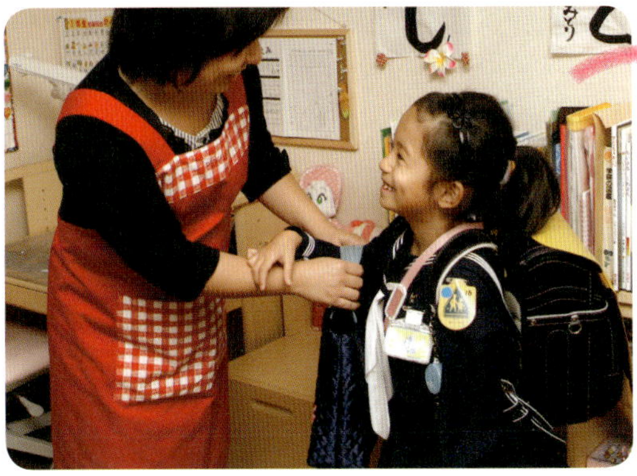

何時《なんじ》に帰《かえ》る？

「何時《なんじ》に帰《かえ》る」「こんなことがしたい」と子《こ》ども自身《じしん》が自分《じぶん》から話《はな》せるようになったら、親《おや》がしっかり聞《き》くことが大切《たいせつ》です。

母親《ははおや》は子《こ》どもの言《い》う
ことをしっかり聞《き》く

学校《がっこう》へ行《い》くとき

京女式《きょうじょしき》ポイント

- 学校《がっこう》は子《こ》どもにとって楽《たの》しいことばかりではなく、不安《ふあん》や緊張《きんちょう》もあります。
- 不安《ふあん》や緊張《きんちょう》を和《やわ》らげるのが朝《あさ》の見送《みおく》りです。
- 笑顔《えがお》で見送《みおく》ることが子《こ》どもを元気《げんき》づけ、意欲《いよく》を起《お》こさせます。

家《いえ》を出《で》るとき

「いってきます」「いってらっしゃい」の言葉《ことば》のやりとりが安心《あんしん》して登校《とうこう》できる力《ちから》になります。笑顔《えがお》、うなづきは、子《こ》どもへの応援《おうえん》になります。目《め》と目《め》が合《あ》えば最高《さいこう》です。

いってらっしゃい
いってきます

いってきます
いってらっしゃい

近所《きんじょ》の人《ひと》にあいさつをする。

交通《こうつう》ルールを守《まも》っていますか？

交通《こうつう》ルールを守《まも》ることは約束《やくそく》を守《まも》る始《はじ》まり。命《いのち》を守《まも》ることにつながります。通学《つうがく》に慣《な》れてくると横着《おうちゃく》になるので、くり返《かえ》し、教《おし》えることが大事《だいじ》です。

右側《みぎがわ》を歩《ある》く。

車《くるま》に気《き》を付《つ》ける。

本《ほん》を読《よ》みながら歩《ある》いていませんか？
友達《ともだち》とおしゃべりをしながら歩《ある》いていませんか？

学校《がっこう》へは遅刻《ちこく》をしないように行《い》きましょう

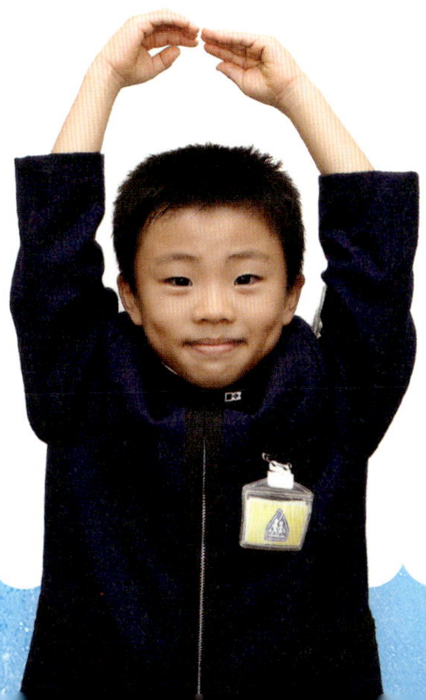

学校《がっこう》での あいさつ

京女式《きょうじょしき》ポイント

- あいさつは相手《あいて》への敬意《けいい》を表《あらわ》す一番具体的《いちばんぐたいてき》な方法《ほうほう》です。
- 大《おお》きな声《こえ》であいさつをすると心《こころ》が引《ひ》き締《し》まります。
- あいさつは「丁寧《ていねい》」にをこころがけることです。

朝《あさ》みんなとあいさつをしましょう

おはようございます
おはようございます

廊下《ろうか》ですれ違《ちが》ったら

先生《せんせい》と廊下《ろうか》ですれ違《ちが》ったときには、立《た》ち止《ど》まって、会釈《えしゃく》をする。

丁寧《ていねい》なお辞儀《じぎ》の仕方《しかた》

①きちんと気《き》をつけの姿勢《しせい》をする。
②相手《あいて》の目《め》をしっかり見《み》る。

③背筋《せすじ》は曲《ま》げないで、目線《めせん》は自然《しぜん》に下《した》を見《み》る。手《て》は自然《しぜん》に前《まえ》にして、もう少《すこ》し頭《あたま》を下《さ》げる。

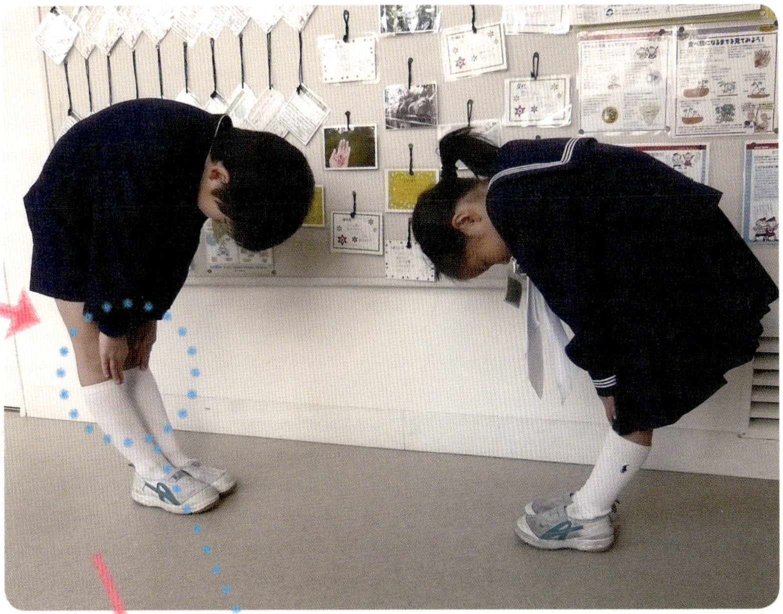

手《て》はひざの上《うえ》

④気《き》をつけをして、もう一度《いちど》相手《あいて》の目《め》を見《み》る。

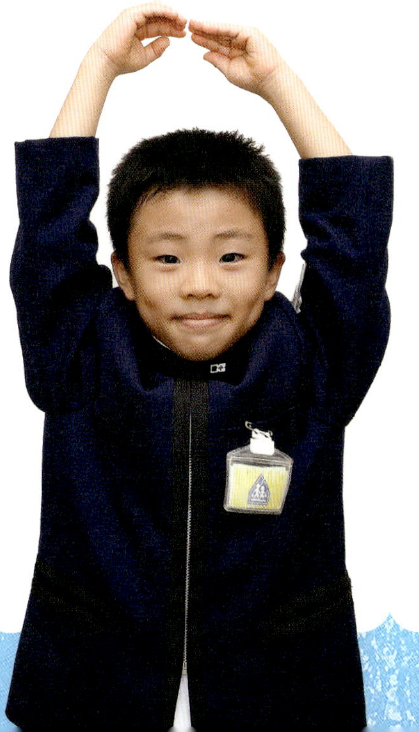

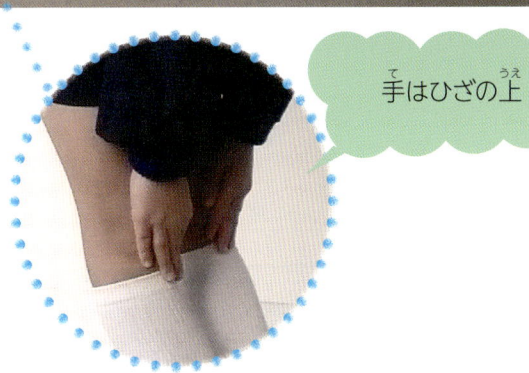

朝《あさ》の教室《きょうしつ》

京女式《きょうじょしき》ポイント

- 朝《あさ》の教室《きょうしつ》は拠点《きょてん》づくりがスタートする大切《たいせつ》な時間《じかん》です。
- 教科書《きょうかしょ》、ノートを机《つくえ》の中《なか》に入《い》れる、ランドセルを収《おさ》めることは、学校生活《がっこうせいかつ》の基本《きほん》です。

ランドセルの中身《なかみ》を机《つくえ》の中《なか》に入《い》れる

朝《あさ》の整頓《せいとん》ができると子《こ》どもも学級《がっきゅう》も良《よ》いスタートになります。持《も》ち物《もの》の整理整頓《せいりせいとん》は小《ちい》さなことのように見《み》えますが、1日《にち》の始《はじ》まりであると位置付《いちづ》けるととても大切《たいせつ》な時間《じかん》です。

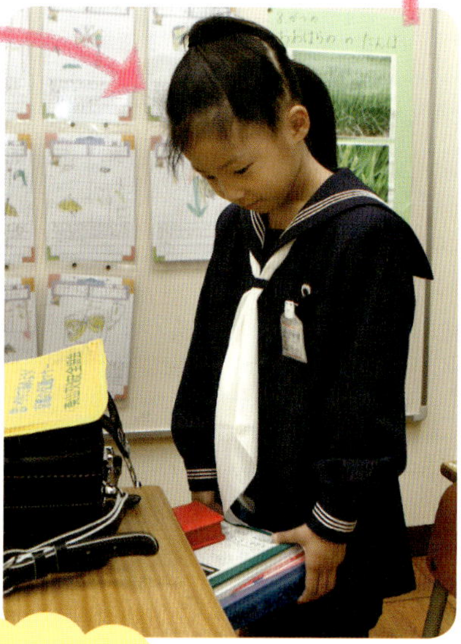

ランドセルをしまいます

持《も》ち物袋《ものぶくろ》を廊下《ろうか》の自分《じぶん》の場所《ばしょ》にかける

整理整頓《せいりせいとん》が
きちんとできると
学習《がくしゅう》が崩《くず》れません。

自分《じぶん》の場所《ばしょ》にしまう。

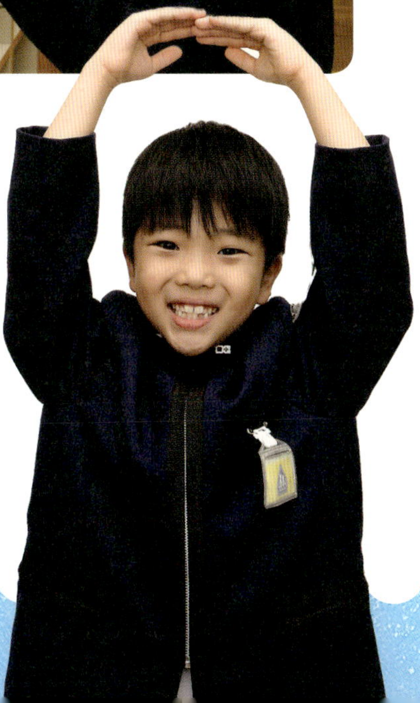

朝《あさ》の運動場《うんどうじょう》と図書室《としょしつ》

京女式《きょうじょしき》ポイント

- 朝《あさ》、友達《ともだち》と心通《こころかよ》う仲間《なかま》づくりが始《はじ》まります。
- 友達《ともだち》と一緒《いっしょ》に遊《あそ》べると気持《きも》ちよく授業《じゅぎょう》に向《む》かえます。
- 朝《あさ》は、昨日《きのう》と違《ちが》う今日《きょう》の始《はじ》まりです。

遊《あそ》びながら知恵《ちえ》を身《み》に付《つ》けています

約束《やくそく》を守《まも》る、みんなで力《ちから》を合《あ》わせる、遊《あそ》びを通《とお》しながら知恵《ちえ》を身《み》に付《つ》けています。

仲間《なかま》づくりの始《はじ》まりよ

一緒《いっしょ》に遊《あそ》ぶと楽《たの》しいね

朝《あさ》の図書室《としょしつ》

図書室《としょしつ》で素敵《すてき》な本《ほん》を読《よ》む、好《す》きな本《ほん》を見《み》ることによって、心落《こころお》ち着《つ》いた学校生活《がっこうせいかつ》が始《はじ》まります。

家庭～学校
基本生活のしつけ

学校
学習のしつけ

幼稚園～小学校
元気に進級

衛生と安全

授業時間《じゅぎょうじかん》

京女式《きょうじょしき》ポイント

- 授業《じゅぎょう》は学校生活《がっこうせいかつ》の中心《ちゅうしん》です。
- あいさつで始《はじ》まり、あいさつで終《お》わります。
- 授業《じゅぎょう》の約束事《やくそくごと》を身《み》に付《つ》けると学習力《がくしゅうりょく》も育《そだ》ちます。

授業《じゅぎょう》の始《はじ》まりにあいさつをしましょう

学習用具《がくしゅうようぐ》が机《つくえ》の上《うえ》に整《ととの》っている

授業中《じゅぎょうちゅう》、先生《せんせい》の話《はなし》を聞《き》きましょう

先生《せんせい》の文末《ぶんまつ》の言葉《ことば》まで聞《き》くと集中力《しゅうちゅうりょく》が身《み》に付《つ》きます。指示通《しじどお》りにすることは、学力《がくりょく》を身《み》に付《つ》ける基本《きほん》です。

授業中《じゅぎょうちゅう》の机《つくえ》の上《うえ》

筆箱《ふでばこ》
ノート
教科書《きょうかしょ》

机《つくえ》の上《うえ》も整理整頓《せいりせいとん》

勉強《べんきょう》がやりやすいように机《つくえ》の上《うえ》を整《ととの》えます。先生《せんせい》の指示《しじ》を正《ただ》しく聞《き》けることが、学習《がくしゅう》の力《ちから》になります。１年生《ねんせい》への指示《しじ》は丁寧過《ていねいす》ぎるほど丁寧《ていねい》にすることが大切《たいせつ》です。

授業《じゅぎょう》の終《お》わりにあいさつをしましょう

ありがとうございました
学習用具《がくしゅうようぐ》がちゃんとしまってある

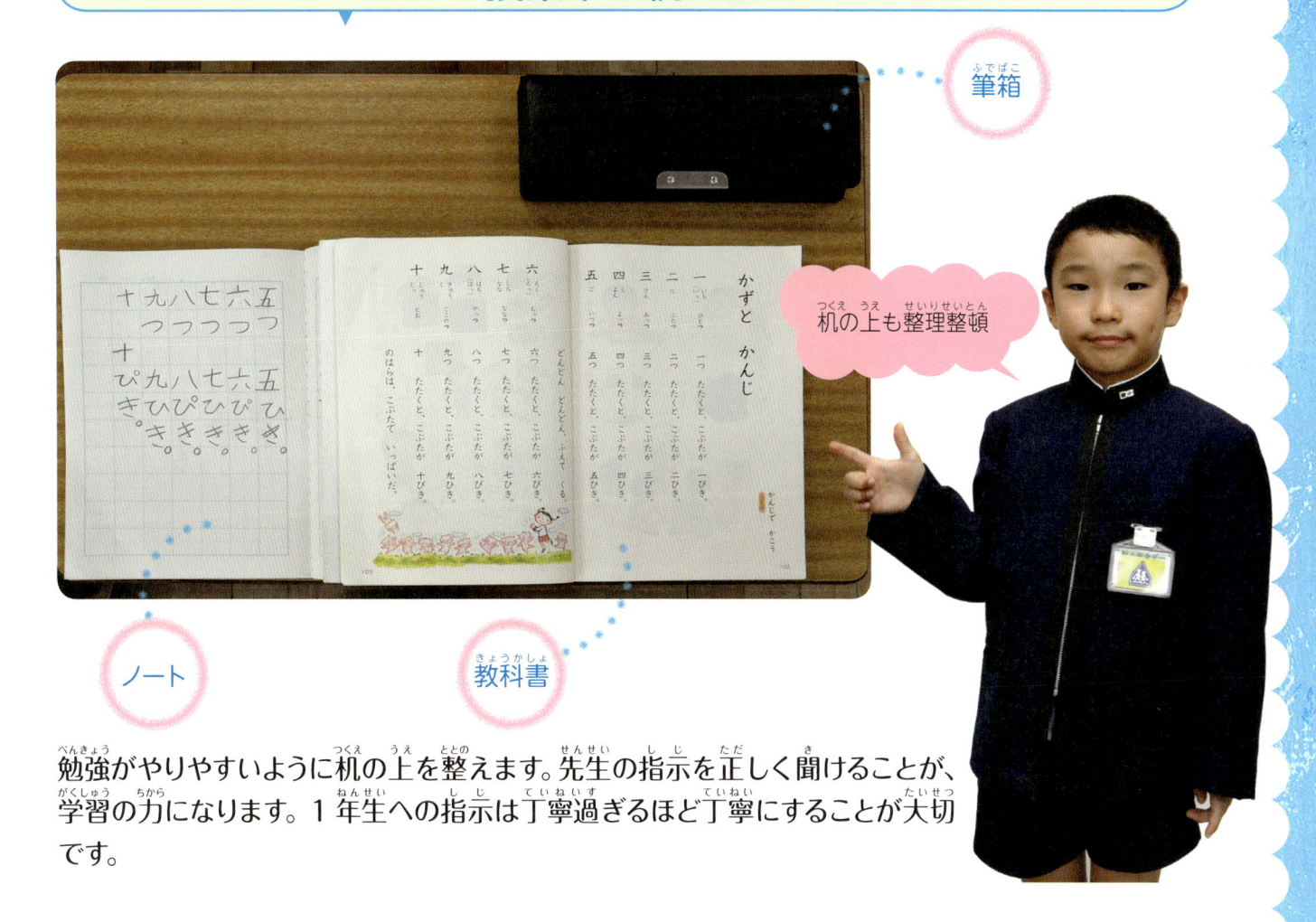

休《やす》み時間《じかん》

京女式《きょうじょしき》ポイント

- 机《つくえ》の上《うえ》といすを整《ととの》えるとトラブルは起《お》こりません。
- 鉛筆《えんぴつ》1本《ぽん》の乱《みだ》れはトラブルの始《はじ》まりです。
- 落《お》ち着《つ》いた教室《きょうしつ》は、考《かんが》える子《こ》どもを育《そだ》てます。

休《やす》み時間《じかん》、机《つくえ》の上《うえ》は何《なに》も置《お》かないようにしましょう

机《つくえ》の上《うえ》に物《もの》を置《お》いていると…

①机《つくえ》の上《うえ》にそのまま教科書《きょうかしょ》や筆記用具《ひっきようぐ》を置《お》いておくと…。

②筆記用具《ひっきようぐ》が机《つくえ》から落《お》ちて…。

③別《べつ》のお友達《ともだち》が親切心《しんせつしん》で別《べつ》の机《つくえ》に筆記用具《ひっきようぐ》を置《お》く。

④自分《じぶん》のものだと思《おも》って、筆箱《ふでばこ》の中《なか》に入《い》れる。

⑤筆記用具《ひっきようぐ》の持《も》ち主《ぬし》は、それがなくなったと騒《さわ》ぎだし泣《な》く。

きれいに使《つか》おう みんなのトイレ

京女式《きょうじょしき》ポイント

- トイレが乱《みだ》れ始《はじ》めると学校《がっこう》が乱《みだ》れ始《はじ》めます。
- トイレが遊《あそ》び場《ば》になると子《こ》どもの生活《せいかつ》が乱《みだ》れます。
- トイレを見《み》るとその学校《がっこう》がわかります。

トイレの使《つか》い方《かた》

ハンドルをしっかりと下《した》に下《さ》げて、流《なが》す。

便器《べんき》の真《ま》ん中《なか》に座《すわ》る。

便器《べんき》のすぐ前《まえ》に立《た》つ。

スリッパを整《ととの》えます

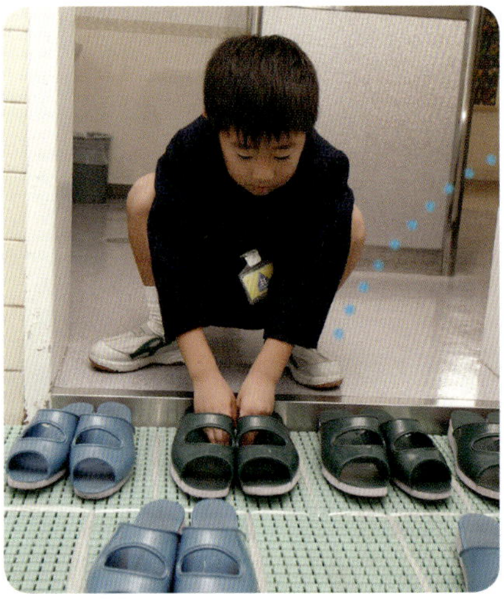

次《つぎ》の人《ひと》のために
スリッパをそろえる

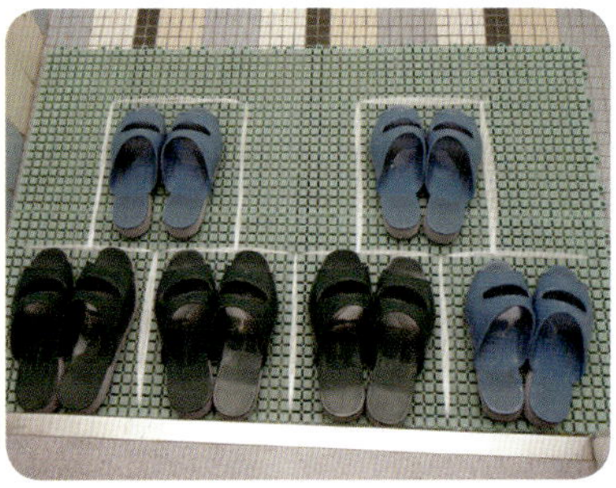

手《て》を洗《あら》います

もし、授業中《じゅぎょうちゅう》にトイレに行《い》きたくなったら…

トイレは
休《やす》み時間《じかん》に
行《い》っておこう。

授業中《じゅぎょうちゅう》にトイレに行《い》きたくなったら。

がまんしないで、
先生《せんせい》に「トイレに行《い》ってもいいですか」と言《い》う。

トイレが乱《みだ》れるのはこんなこと

落書《らくが》き。

壊《こわ》す。

こんなことは
やめましょう

ボックスに入って
2人でおしゃべりをする。

給食時間《きゅうしょくじかん》
お弁当《べんとう》のマナー

京女式《きょうじょしき》ポイント

- 食育《しょくいく》は給食時間《きゅうしょくじかん》に行《おこな》います。
- みんなで楽《たの》しく、しっかり食《た》べることは生《い》きることの基本《きほん》。給食《きゅうしょく》で食《た》べることの意味《いみ》やマナーを育《そだ》てます。

ランチョンマットを敷《し》き、お弁当《べんとう》を出《だ》します

お弁当《べんとう》の準備《じゅんび》を
しましょう

「いただきます」のあいさつをしましょう

いただきます

時間内《じかんない》に食事《しょくじ》をしましょう

午後《ごご》が楽《たの》しくなるよ

決《き》められた時間《じかん》に完食《かんしょく》します。昼食《ちゅうしょく》をしっかり食《た》べると午後《ごご》が楽《たの》しくなります。京都女子大学附属小学校《きょうとじょしだいがくふぞくしょうがっこう》ではお弁当《べんとう》を持《も》ってきます。作《つく》ってくれた人《ひと》の愛情《あいじょう》を強《つよ》く感《かん》じ、元気《げんき》をもらう時間《じかん》です。

「ごちそうさまでした」のあいさつをしましょう

ごちそうさまでした

お弁当《べんとう》によって
作《つく》ってくれた人《ひと》の
愛情《あいじょう》を感《かん》じ
元気《げんき》をもらいます

体《からだ》の具合《ぐあい》が悪《わる》くなったとき

京女式《きょうじょしき》ポイント

- 保健室《ほけんしつ》への入《はい》り方《かた》や話《はな》し方《かた》を覚《おぼ》えましょう。
- 自分《じぶん》のことは自分《じぶん》が一番良《いちばんよ》く知《し》っています。状況《じょうきょう》や症状《しょうじょう》をしっかりお話《はなし》しましょう。

体《からだ》の具合《ぐあい》が悪《わる》くなったら

おなかが痛《いた》いなぁ…

体《からだ》の具合《ぐあい》が悪《わる》くなりました。

先生《せんせい》！

静《しず》かに手《て》をあげます。

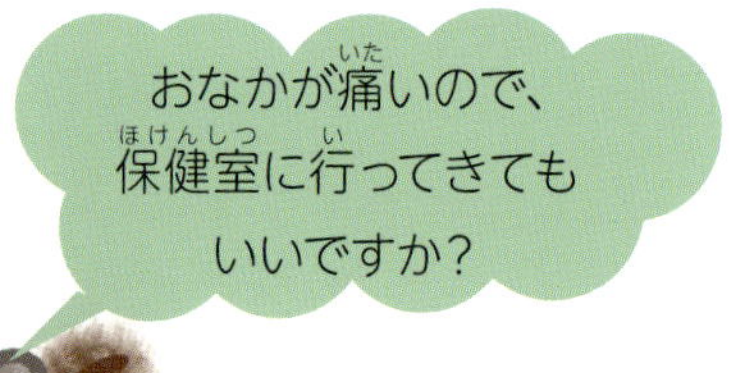
おなかが痛《いた》いので、
保健室《ほけんしつ》に行《い》ってきても
いいですか？

- 必《かなら》ず、担任《たんにん》の先生《せんせい》に言《い》ってから、保健室《ほけんしつ》に行《い》く。
- 授業中《じゅぎょうちゅう》でも良《よ》い。

先生《せんせい》に言《い》います。

保健室《ほけんしつ》へ行《い》きましょう

保健室《ほけんしつ》での話《はな》し方《かた》

失礼《しつれい》します。○年《ねん》○組《くみ》の△△（名前《なまえ》）です。

●けがの時《とき》

「いつ」「どこで」「何《なに》をして」「どうなって」「どんなけがをしました」＋「見《み》てください」あるいは「手当《てあて》をしてください」

●病気《びょうき》の時《とき》

「いつから」「体《からだ》のどこが」「どんなふうに具合《ぐあい》が悪《わる》いです」＋「見《み》てください」あるいは「どうしたらいいですか」

●用事《ようじ》が終《お》わったら

「失礼《しつれい》しました」あるいは「ありがとうございました」

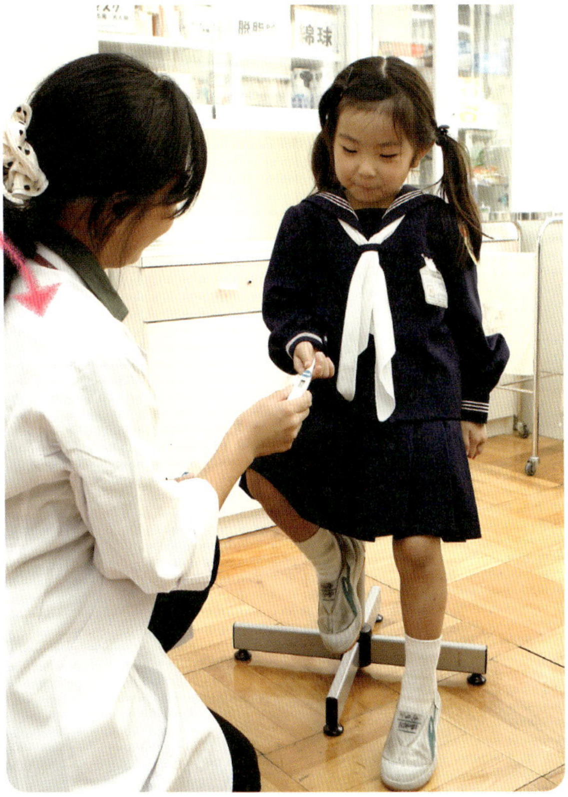

家庭～学校
基本生活のしつけ

学校
学習のしつけ

幼稚園～小学校
元気に進級

衛生と安全

そうじの仕方《しかた》

京女式《きょうじょしき》ポイント

- ●そうじは心《こころ》を育《そだ》てる大事《だいじ》な活《かつ》動《どう》であり、仕事《しごと》です。
- ●公共《こうきょう》のものを大切《たいせつ》にすることなど、人間形成《にんげんけいせい》の重要《じゅうよう》な要素《ようそ》が含《ふく》まれます。

ほうきの使《つか》い方《かた》

道具《どうぐ》の機能《きのう》を生《い》かした仕方《しかた》を教《おし》えましょう。

両手《りょうて》で握《にぎ》って、静《しず》かにはく

みんなで協力《きょうりょく》して

隅《すみ》から隅《すみ》まで、きれいにします。きれいな教室《きょうしつ》は落《お》ち着《つ》いた学習環境《がくしゅうかんきょう》の始《はじ》まりです。

ちりとりの使《つか》い方《かた》

機能性《きのうせい》と利便性《りべんせい》を一体化《いったいか》させて、教《おし》えましょう。

ちりとりを床《ゆか》につける

ほうきではいて、ごみをちりとりに入《い》れる

ふざけない

週番《しゅうばん》見回《みまわ》り

そうじの点検《てんけん》は高学年《こうがくねん》が自主的《じしゅてき》に行《おこな》います。全校《ぜんこう》を見回《みまわ》る活動《かつどう》が「私《わたし》たちの学校《がっこう》」という意識《いしき》を育《そだ》てます。

ぞうきんのしぼり方《かた》

京女式《きょうじょしき》ポイント

- ぞうきんのしぼり方《かた》には手先《てさき》の器用《きよう》さが表《あらわ》れます。
- 上手《じょうず》に使《つか》える方法《ほうほう》は、家庭《かてい》で育《そだ》てることができます。
- いろいろなしぼり方《かた》があります。

ぞうきんのしぼり方《かた》

ぞうきんを水《みず》でぬらす。

両手《りょうて》で持《も》ってひねる。

ぞうきんでふきましょう

手《て》の大《おお》きさにぞうきんをたたんでふく。

ぞうきんが汚《よご》れたら、汚《よご》れた面《めん》を中《なか》にして、きれいな面《めん》でふく。

ふき残《のこ》しがないようにふく。

ぞうきんを洗《あら》いましょう

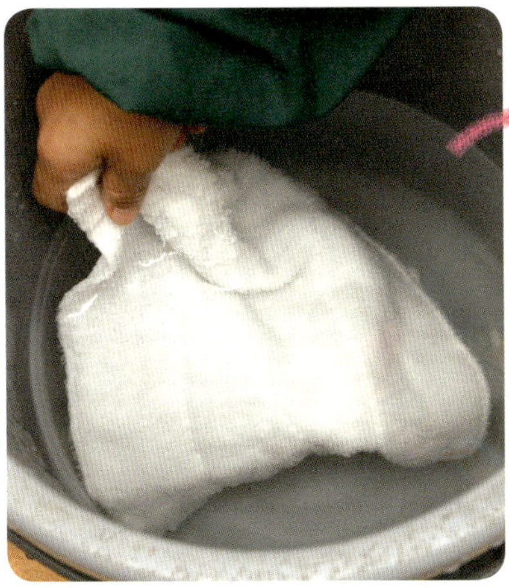

ぞうきんを水《みず》につける。

ぞうきんを水《みず》の中《なか》でもむようにして汚《よご》れを洗《あら》う。

ぞうきんをしぼる。

帰《かえ》りのあいさつ

京女式《きょうじょしき》ポイント

- 1日《にち》の緊張《きんちょう》から解《と》きほぐされる時間《じかん》です。
- 今日《きょう》と明日《あす》をつなぐための時《じ》間《かん》です。
- 聞《き》き逃《のが》しがないように指導《しどう》します。

帰《かえ》りの会《かい》

先生《せんせい》の話《はなし》を聞《き》く、1日《にち》の振《ふ》り返《かえ》りをする、明日《あす》の用意《ようい》を確《たし》かめるなど、自分《じぶん》で考《かんが》え、行動《こうどう》する力《ちから》を養《やしな》う時間《じかん》です。

帰《かえ》りの準備《じゅんび》、忘《わす》れ物《もの》はありませんか？

帰《かえ》りのあいさつ

帰《かえ》りの会《かい》は日直《にっちょく》さんが進行《しんこう》します。

感謝《かんしゃ》の心《こころ》を込《こ》めて

校舎《こうしゃ》に、感謝《かんしゃ》の心《こころ》を込《こ》めて一礼《いちれい》します。

交通《こうつう》の約束《やくそく》を守《まも》ることは、
生命《せいめい》を守《まも》ることです

家《いえ》に帰《かえ》ろう
下校時《げこうじ》の注意《ちゅうい》

京女式《きょうじょしき》ポイント

- 下校時《げこうじ》は1日《にち》の学業《がくぎょう》を終《お》え、緊張《きんちょう》がゆるむときです。
- 自分《じぶん》で自分《じぶん》の安全《あんぜん》を守《まも》ることが大事《だいじ》です。
- 安全《あんぜん》についての学習《がくしゅう》の場《ば》です。

交通《こうつう》ルールを守《まも》っていますか？

下校時《げこうじ》は気持《きも》ちがゆるみます。こんなときに危険《きけん》が忍《しの》び寄《よ》るので、安全《あんぜん》についての注意《ちゅうい》が必要《ひつよう》です。

車《くるま》や自転車《じてんしゃ》に気《き》をつけましょう

本《ほん》を読《よ》みながら歩《ある》いていませんか

地域《ちいき》の人《ひと》にあいさつしましょう

あいさつしていますか？

バスでのマナー

バスの中《なか》で騒《さわ》いでいないかな？

電車《でんしゃ》でのマナー

電車《でんしゃ》の中《なか》で騒《さわ》いでいないかな？

お年寄《としよ》りに席《せき》を譲《ゆず》っているかな？

家《いえ》に帰《かえ》ったら

京女式《きょうじょしき》ポイント

- 子《こ》どもが無事《ぶじ》に帰《かえ》ることが一番大事《いちばんだいじ》です。
- 家族《かぞく》の笑顔《えがお》が子《こ》どもにとって1日《にち》のご褒美《ほうび》です。
- 帰《かえ》ってからの生活《せいかつ》づくりも大切《たいせつ》です。

「ただいま」のあいさつをしましょう

おかえりなさい
ただいま
おかえりなさい

うがいをしましょう

ブク
ブク
ブク
ガラガラ

手《て》を洗《あら》いましょう

手《て》の洗《あら》い方《かた》

石鹸《せっけん》を付《つ》けて

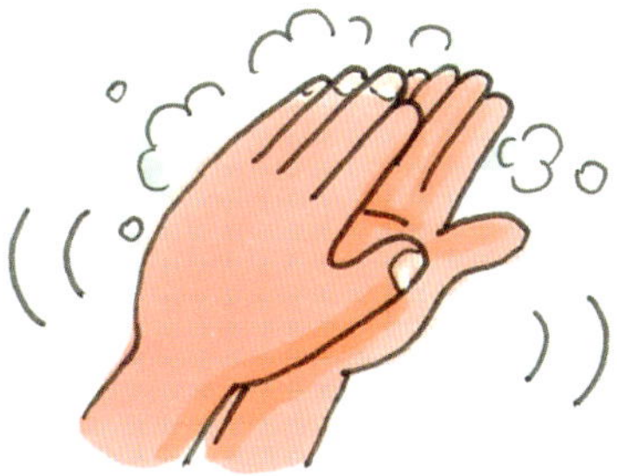

①水《みず》で洗《あら》って石鹸《せっけん》を付《つ》け、手《て》のひらを洗《あら》う。

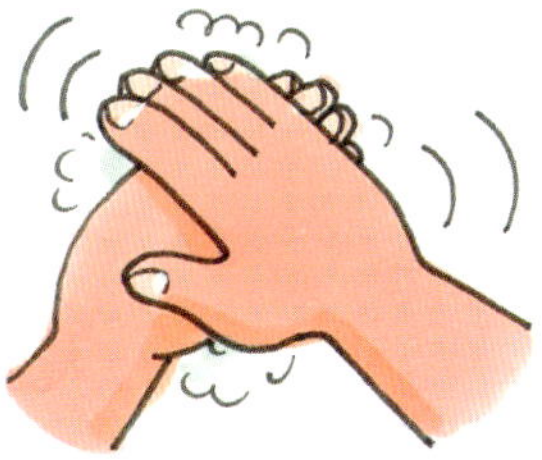

②手《て》の甲《こう》を洗《あら》う。

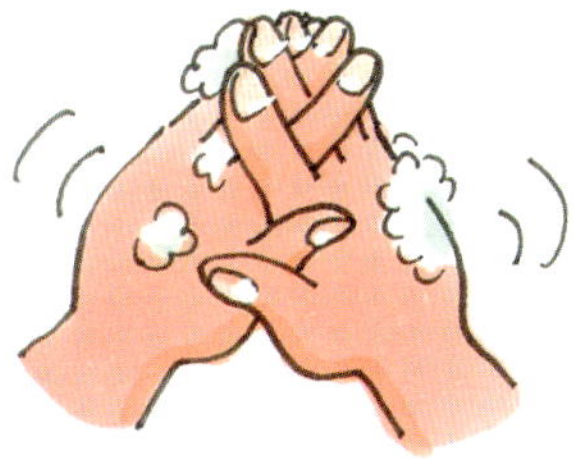

③指《ゆび》の間《あいだ》を洗《あら》う。

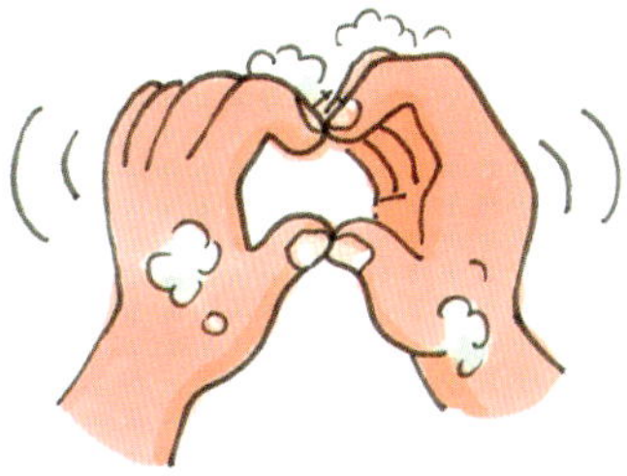

④爪《つめ》の間《あいだ》を洗《あら》う。

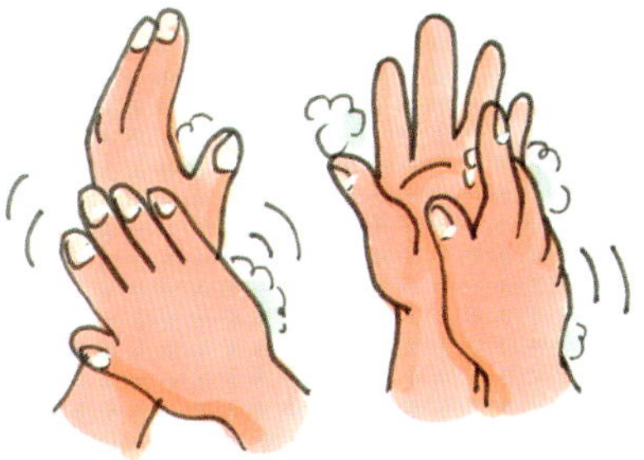

⑤手全体《てぜんたい》を洗《あら》う。

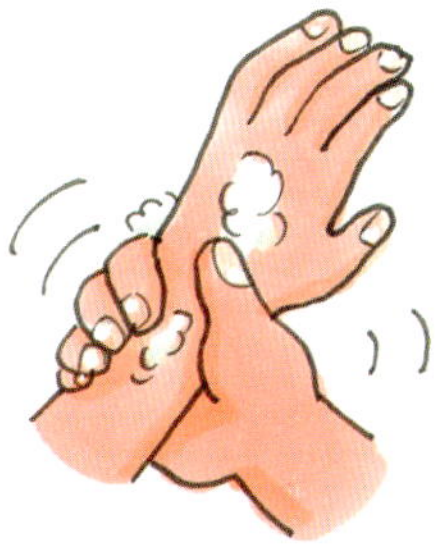

⑥手首《てくび》を洗《あら》う。

⑦水《みず》できれいに流《なが》して、

できあがり！

学校《がっこう》のお話《はなし》・家庭学習《かていがくしゅう》

京女式《きょうじょしき》ポイント

- 嬉《うれ》しいこと、がんばったことを子《こ》どもが話《はな》せる雰囲気《ふんいき》は話《はなし》が弾《はず》みます。
- 話《はなし》に様子《ようす》が見《み》える言葉《ことば》が入《はい》っていれば、学校生活《がっこうせいかつ》は大丈夫《だいじょうぶ》です。

学校《がっこう》のお話《はなし》をしましょう

良《よ》く書《か》けているね
ここをほめられたよ

今日《きょう》は運動会《うんどうかい》の練習《れんしゅう》が
あったよ

連絡帳《れんらくちょう》とプリントを渡《わた》しましょう

先生《せんせい》からのお手紙《てがみ》です

宿題《しゅくだい》をしましょう

時間《じかん》を決《き》め、自分《じぶん》で宿題《しゅくだい》をすることが勉強好《べんきょうず》きの始《はじ》まりです。

音読《おんどく》を聞《き》いてもらいましょう

家族《かぞく》の人《ひと》に音読《おんどく》を聞《き》いてもらうと、子《こ》どものやる気《き》が出《で》ます。

明日《あす》の準備《じゅんび》

京女式《きょうじょしき》ポイント

- 時間割《じかんわり》を合《あ》わせることが、明日《あす》の生活《せいかつ》を見通《みとお》す力《ちから》を育《そだ》てます。
- 自分《じぶん》でできるようになると、学力《がくりょく》が伸《の》びます。

時間割《じかんわり》を見《み》ながら、明日《あす》の用意《ようい》をしましょう

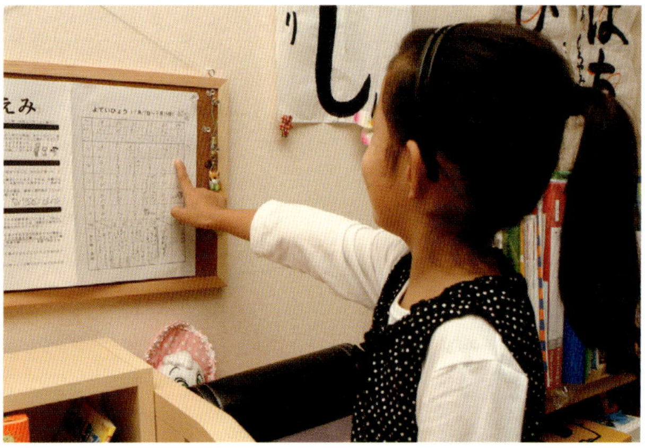

時間割《じかんわり》を自分《じぶん》で合《あ》わせるように心《こころ》がけると、明日《あす》の生活《せいかつ》を始《はじ》め、いろいろな見通《みとお》しを持《も》つ力《ちから》が付《つ》いてきます。

自分《じぶん》でできるよ

自分《じぶん》で用意《ようい》できないものは、家《いえ》の人《ひと》に頼《たの》みましょう

図工《ずこう》の材料《ざいりょう》など、子《こ》ども自身《じしん》で用意《ようい》できないものは早《はや》めに家族《かぞく》の人《ひと》に頼《たの》んでおきます。

本好《ほんず》きな子《こ》を育《そだ》てましょう

家族《かぞく》と一緒《いっしょ》に読書《どくしょ》をする時間《じかん》を持《も》つと、本好《ほんず》きな子《こ》に育《そだ》ちます。

お風呂《ふろ》の入《はい》り方《かた》

京女式《きょうじょしき》ポイント

- お風呂《ふろ》に入《はい》って、毎日《まいにち》、体《からだ》をきれいにしましょう。
- 自分《じぶん》で洗《あら》えるようにしましょう。
- 体《からだ》を清潔《せいけつ》に保《たも》つことは健康《けんこう》への意識《いしき》につながります。

お風呂《ふろ》の入《はい》り方《かた》

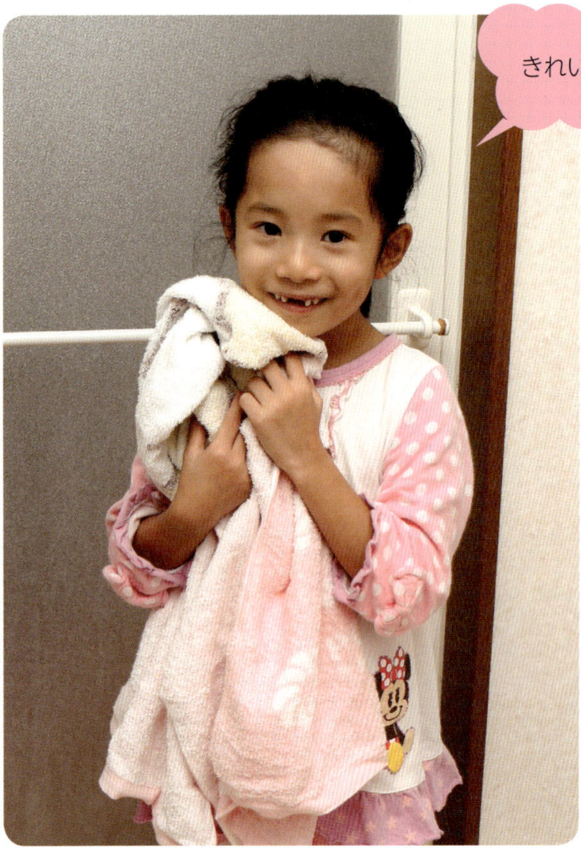

毎日《まいにち》、お風呂《ふろ》に入《はい》って体《からだ》をきれいにします。湯舟《ゆぶね》にゆっくり浸《つ》かると、体《からだ》が温《あたた》まるだけでなく、その日《ひ》1日《にち》の疲《つか》れも取《と》れます。

①足《あし》からお湯《ゆ》をかけて、次《つぎ》に全体《ぜんたい》にかける。

②手《て》、足《あし》、顔《かお》、お尻《しり》をきれいに洗《あら》ってから、お風呂《ふろ》に入《はい》る。

くびまで
しっかり
つかろうね

③ゆっくりお風呂《ふろ》に浸《つ》かって、よく温《あたた》まる。

体のすみずみ
まで
あらおうね

④体全体《からだぜんたい》を石鹸《せっけん》できれいに洗《あら》う。

ザバ
ザバ!

⑤お湯《ゆ》を頭《あたま》からかけて、石鹸《せっけん》を洗《あら》い流《なが》す。

⑥もう一度《いちど》お風呂《ふろ》に入《はい》って、ゆっくり温《あたた》まる。

ゆざめしない
ようにすぐに
ふこうね

⑦お風呂《ふろ》からあがったら乾《かわ》いたタオルでしっかり体《からだ》をふく。

ピカ
ピカ

⑧きれいな下着《したぎ》と寝巻《ねまき》を着《き》る。

寝《ね》る前《まえ》、明日《あす》を楽《たの》しくするために

京女式《きょうじょしき》ポイント

- 就寝時間《しゅうしんじかん》を決《き》めましょう。
- よく寝《ね》ることは明日《あす》を元気《げんき》に過《す》ごす素《もと》。
- よく寝《ね》ると勉強《べんきょう》も遊《あそ》びもしっかりできる子《こ》になります。

寝《ね》る前《まえ》にすること

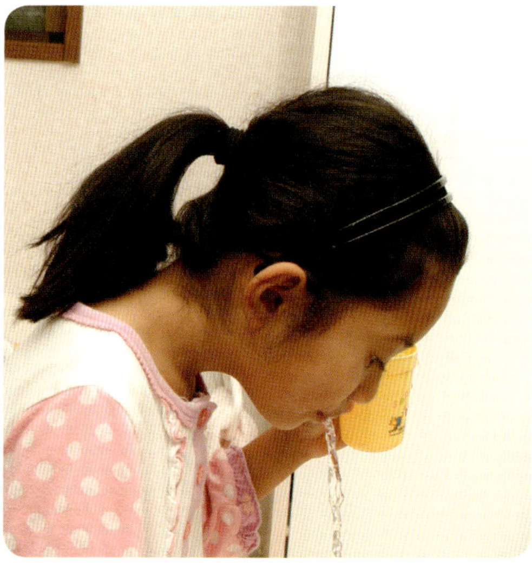

歯《は》を磨《みが》きましょう。

明日《あす》、着《き》る服《ふく》などをそろえておきましょう。

「おやすみなさい」のあいさつをしましょう

やさしく、
温《あたた》かい言葉《ことば》が
明日《あす》のエネルギーを
育《そだ》てる

おやすみなさい

就寝時刻《しゅうしんじこく》を決《き》めておくと生活《せいかつ》のリズムが整《ととの》ってきます。

めざまし時計《どけい》をかけましょう

めざましをかけて…

睡眠時間《すいみんじかん》をたっぷり取《と》ると、明日《あす》を元気《げんき》に過《す》ごすエネルギーになります。

スヤ
スヤ

Column 1
鉛筆のゆくえ

たった１本の鉛筆ですが、その鉛筆がトラブルを生み、１人の子の生き方を変えることがあります。

その出来事は、ある日の教室で起こりました。始まりは、授業が少し延びたことです。遊びに行きたい子どもたちは、机の上に筆箱や教科書を放りっぱなしで教室の外へと飛び出してしまったのです。

休み時間を終えた子どもたちがそれぞれに教室へ入ってきました。机やいすに触れることは平気な子ども達です。無意識に触れたことによって、筆箱からはみ出た鉛筆は床に落ち転がっていきました。落ちた鉛筆に気がついた子が、近くの机の上に置き、その鉛筆を、確かめず筆箱に納めます。よくある教室の姿です。

鉛筆がなくなっているのに気づいた子が騒ぎ出しました。誰も、鉛筆が違う子の筆箱に納まっていることなど気付きません。

先生の指示で、よく筆箱の中を確かめました。持ち主でない子の筆箱から出てきました。

「この筆箱の中にあるのが僕の鉛筆だ。」

この一言で周りの子が騒ぎ出しました。弁解の余地もなく、間違って筆箱に入れた子は鉛筆を取（盗）った人になってしまいました。

机の上に鉛筆が放りっぱなしになっていれば落ちるのが当たり前です。授業終了の時には、教科書、ノート、筆箱を机の中に納めると、このようなできごとは起こりません。持ち物に名前を書く、机の中を整頓することが身に付くと混乱を防ぐことができます。

第2章
学校
学習のしつけ

学習力《がくしゅうりょく》、生活力《せいかつりょく》を育《そだ》てる

京女式《きょうじょしき》ポイント

- 学習力《がくしゅうりょく》と生活力《せいかつりょく》は表裏一体《ひょうりいったい》です。
- 生活《せいかつ》が整《ととの》うと学習《がくしゅう》が伸《の》びます。
- 学習《がくしゅう》を生活《せいかつ》と一体《いったい》で捉《とら》えると子《こ》どもが成長《せいちょう》します。

相手《あいて》の目《め》を見《み》て話《はな》します

ぼくはこのように思《おも》います

コミュニケーションの始《はじ》まりは、相手《あいて》を尊重《そんちょう》すること、相手《あいて》の立場《たちば》を考《かんが》えることが大切《たいせつ》です。相手《あいて》の目《め》を見《み》て話《はな》すことから始《はじ》めます。

教科書《きょうかしょ》を正《ただ》しく読《よ》みます

教科書《きょうかしょ》が正《ただ》しく読《よ》めることは、学習力《がくしゅうりょく》の基礎《きそ》になります。正《ただ》しく本《ほん》を持《も》つ、正《ただ》しく文《ぶん》を読《よ》む、正《ただ》しく文脈《ぶんみゃく》が理解《りかい》できる、「正《ただ》しい」がキーワードになります。それは、正《ただ》しく理解《りかい》することにつながるからです。

正《ただ》しく読《よ》みます

音読《おんどく》・朗読《ろうどく》・計算力《けいさんりょく》

集中力《しゅうちゅうりょく》が身《み》に付《つ》くと学力《がくりょく》が伸《の》びます。音読《おんどく》や朗読《ろうどく》は声《こえ》を出《だ》すことに価値《かち》があります。計算力《けいさんりょく》は解《と》くことに集中《しゅうちゅう》します。音読《おんどく》・朗読《ろうどく》・計算《けいさん》を続《つづ》けていくことで集中力《しゅうちゅうりょく》が育《そだ》ちます。

文《ぶん》で話《はな》します。丁寧《ていねい》な言葉《ことば》で話《はな》します

話《はな》す力《ちから》は考《かんが》える力《ちから》です。文《ぶん》で話《はな》すには、文末《ぶんまつ》まで気持《きも》ちを行《い》き届《とど》かせます。丁寧《ていねい》な言葉《ことば》で表現《ひょうげん》すると品格《ひんかく》が身《み》に付《つ》きます。

授業《じゅぎょう》に集中《しゅうちゅう》できます

学習力《がくしゅうりょく》、生活力《せいかつりょく》につながるものは集中力《しゅうちゅうりょく》です。集中力《しゅうちゅうりょく》は、指示《しじ》が聞《き》ける、考《かんが》えを練《ね》る、ノートを工夫《くふう》する、人《ひと》の話《はなし》をしっかり聞《き》くなど、様々《さまざま》な場面《ばめん》で求《もと》められる力《ちから》です。

遊《あそ》びの約束《やくそく》ができます

遊《あそ》びの約束《やくそく》は社会《しゃかい》のルールを守《まも》る始《はじ》まりです。

附属小学校《ふぞくしょうがっこう》の約束《やくそく》

ふしょうのやくそく
☆なまえをよばれたら、「はい。」とへんじをしましょう。
☆ともだちは、「○○さん」とよびましょう。
☆ていねいなことばではなしましょう。
☆おおきなこえではなしましょう。
☆ひとのからだにふれません。
☆はきものをそろえましょう。
☆しんらんさまにいちゅうをしましょう。
☆あいさつをしましょう。
・おはようございます。
・こんにちは。
・さようなら。
・おねがいします。
・ありがとうございました。

附小《ふしょう》の約束《やくそく》はいつでも見《み》られるように教室《きょうしつ》に掲示《けいじ》されています

1 学習基礎編《がくしゅうきそへん》

正《ただ》しく座《すわ》る

京女式《きょうじょしき》ポイント

- 成長期《せいちょうき》の子《こ》どもにとって姿勢《しせい》を正《ただ》すことは大切《たいせつ》です。
- 手《て》、ひざ、背筋《せすじ》など、細《こま》かなところまで意識《いしき》できることが学習力《がくしゅうりょく》を伸《の》ばします。

正《ただ》しく座《すわ》りましょう

足《あし》は床《ゆか》に付《つ》け、手《て》はひざに乗《の》せて、背筋《せすじ》をピンと伸《の》ばします。

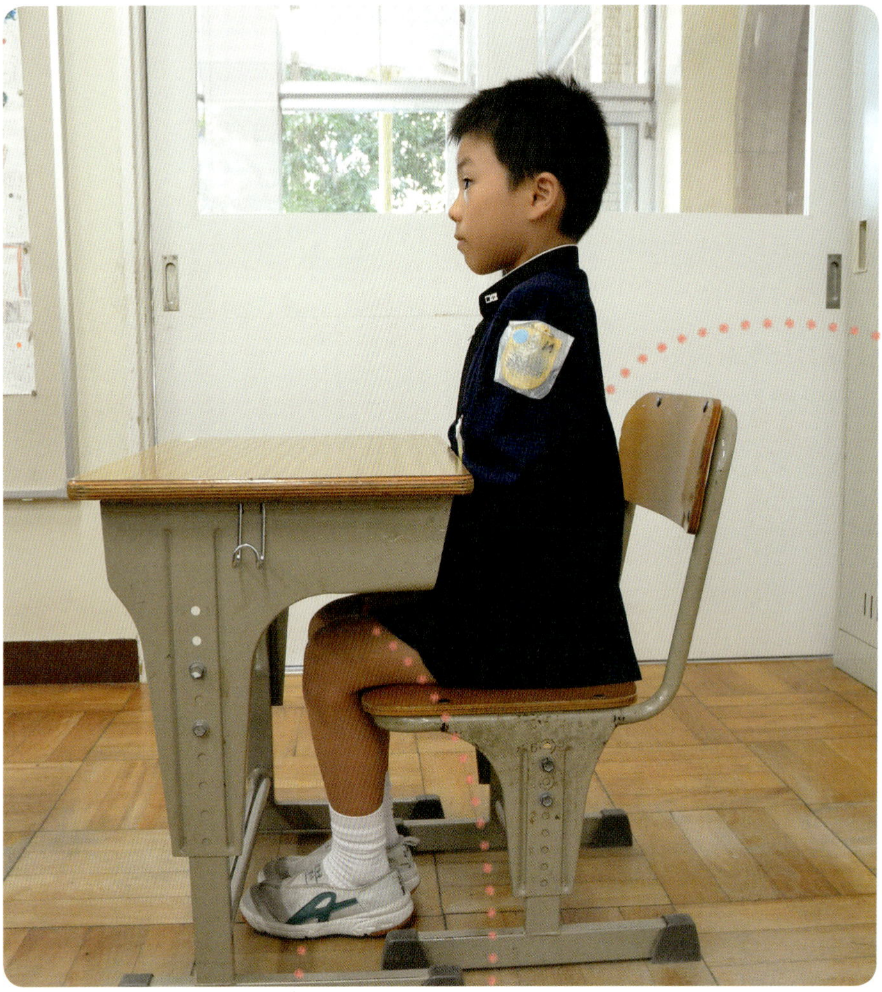

背筋《せすじ》をピンと伸《の》ばす

足《あし》は床《ゆか》に付《つ》ける

手《て》はひざに乗《の》せる

これで OK！

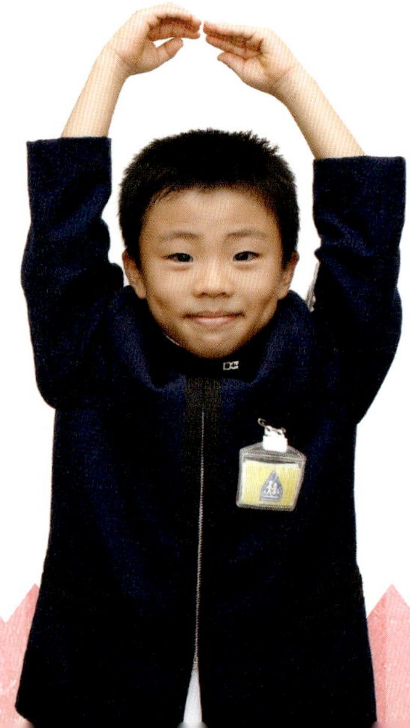

正《ただ》しく立《た》ちましょう

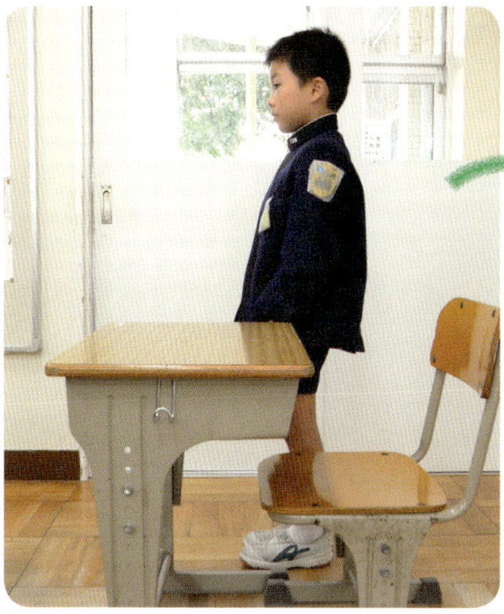

机《つくえ》の横《よこ》に立《た》つ
（発表《はっぴょう》するときは机《つくえ》の横《よこ》で）

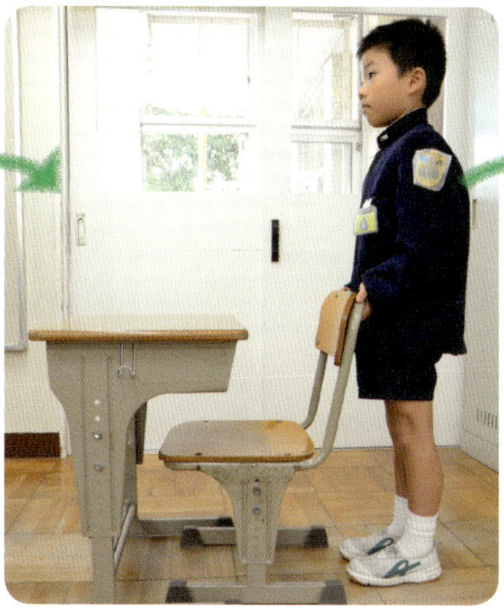

いすを入《い》れる

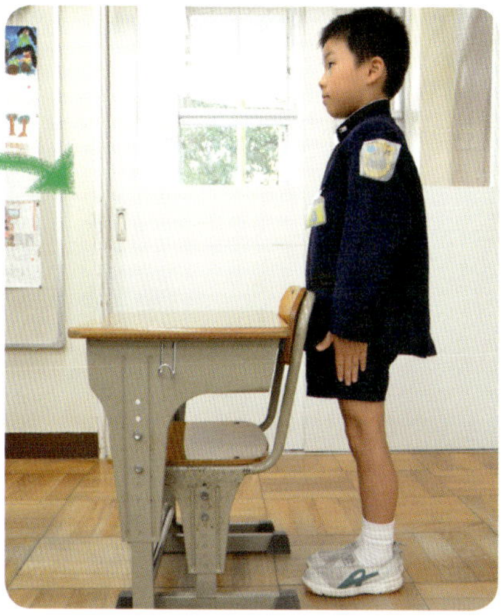

机《つくえ》の後《うし》ろに立《た》つ
（あいさつするとき）

体育座《たいいくすわ》り

腕《うで》を組《く》んでひざをかかえます。腰《こし》を伸《の》ばして背筋《せすじ》はピンと伸《の》ばしましょう。視線《しせん》は話《はな》し手《て》の顔《かお》に向《む》けます。

こんな姿勢《しせい》をしていると

机《つくえ》にもたれていると
↓
先生《せんせい》のお話《はなし》が
よく聞《き》けない

足《あし》を横《よこ》に出《だ》していると
↓
友達《ともだち》がつまずいて
危《あぶ》ない

鉛筆《えんぴつ》の持《も》ち方《かた》

京女式《きょうじょしき》ポイント

- 小学生《しょうがくせい》は、ノートに文字《もじ》を書《か》く、作文《さくぶん》を書《か》くなど、学習《がくしゅう》の大半《たいはん》は鉛筆《えんぴつ》で文字《もじ》を書《か》いています。
- 書《か》くことは思考力《しこうりょく》を育《そだ》てる上《うえ》で、大事《だいじ》な学習活動《がくしゅうかつどう》です。

鉛筆《えんぴつ》を正《ただ》しく持《も》ちましょう

手《て》に負担《ふたん》をかけないで、長時間《ちょうじかん》にわたり文字《もじ》を書《か》くためには、正《ただ》しい鉛筆《えんぴつ》の持《も》ち方《かた》が大切《たいせつ》です。

こんな持《も》ち方《かた》はしていませんか

腕《うで》が疲《つか》れて、長時間《ちょうじかん》書《か》けない

鉛筆《えんぴつ》を向《む》こう側《がわ》に倒《たお》している

テン、ハネが書《か》きにくい

親指《おやゆび》が飛《と》び出《で》ている

こんな鉛筆《えんぴつ》を使《つか》います

小学生《しょうがくせい》は、柔《やわ》らかくて書《か》きやすいHB 、B、2B の硬《かた》さの鉛筆《えんぴつ》を使《つか》うとよいでしょう。

筆箱《ふでばこ》にはこの筆記用具《ひっきようぐ》を入《い》れておきましょう。

低学年《ていがくねん》

鉛筆《えんぴつ》５本《ほん》、赤鉛筆《あかえんぴつ》、サインペン、定規《じょうぎ》、消《け》しゴムをそろえています。

中学年《ちゅうがくねん》

鉛筆《えんぴつ》５本《ほん》、赤鉛筆《あかえんぴつ》、サインペン、定規《じょうぎ》、消《け》しゴムの基本《きほん》に、蛍光《けいこう》ペンが加《くわ》わります。蛍光《けいこう》ペンは辞書《じしょ》で調《しら》べた語句《ごく》や大事《だいじ》な言葉《ことば》に線《せん》を引《ひ》きます。

高学年《こうがくねん》

鉛筆《えんぴつ》５本《ほん》、赤鉛筆《あかえんぴつ》、サインペン、定規《じょうぎ》、消《け》しゴムの基本《きほん》に、蛍光《けいこう》ペン、３色《しょく》ボールペン、筆《ふで》ペンが加《くわ》わります。日付《ひづけ》や題名《だいめい》は筆《ふで》ペン、大事《だいじ》な言葉《ことば》には赤色《あかいろ》、友達《ともだち》の意見《いけん》や自分《じぶん》の考《かんが》えには青色《あおいろ》や緑色《みどりいろ》など、学習活動《がくしゅうかつどう》の目的《もくてき》によってボールペンの色《いろ》を使《つか》い分《わ》けます。

手《て》の上《あ》げ方《かた》・発表《はっぴょう》の仕方《しかた》

京女式《きょうじょしき》ポイント

- 手《て》の上《あ》げ方《かた》によって理解《りかい》の仕方《しかた》を計《はか》ることがあります。
- 自信《じしん》を持《も》っている子《こ》は、手《て》がまっすぐ伸《の》び、指先《ゆびさき》が天井《てんじょう》を向《む》いています。
- 手《て》を上《あ》げることは学習状況《がくしゅうじょうきょう》の表現活動《ひょうげんかつどう》です。

手《て》をきちんとあげましょう

手《て》を耳《みみ》に付《つ》け、天井《てんじょう》に届《とど》かせるような気持《きも》ちで上《あ》げると、手《て》も姿勢《しせい》も伸《の》びます。

しっかりと
手を伸ばします

こんな上《あ》げ方《かた》をしていませんか？

ひじが曲《ま》がっている
↓
先生《せんせい》から見《み》えにくい

手《て》が斜《なな》めになっている
↓
隣《となり》の子《こ》の体《からだ》に触《さわ》る

発表《はっぴょう》しよう

指名《しめい》されたら「はい」と返事《へんじ》をします。

机《つくえ》の横《よこ》に立《た》ちます。

発表《はっぴょう》は文《ぶん》で話《はな》します。文末《ぶんまつ》まできちんと話《はな》すことが大切《たいせつ》です。

発表《はっぴょう》が終《お》わったら、静《しず》かに座《すわ》ります。

わかりやすく話《はな》す

京女式《きょうじょしき》ポイント

- 目《め》と目《め》とを合《あ》わせて話《はな》します。
- 聞《き》き手《て》の様子《ようす》を見《み》ながらゆっくり話《はな》します。
- 言《い》いたいことをまとめておくことが大切《たいせつ》です。

上手《じょうず》な話《はな》し方《かた》

- 聞《き》き手《て》の目《め》を見《み》て話《はな》す。
- 聞《き》き手《て》の様子《ようす》を見《み》て話《はな》す。
- 良《よ》い姿勢《しせい》で話《はな》す。
- 文末《ぶんまつ》まで丁寧《ていねい》な言葉《ことば》で話《はな》す。
- 相手《あいて》に聞《き》こえる声《こえ》で話《はな》す。
- 相手《あいて》のことを考《かんが》えて話《はな》す。
- 話《はな》し手《て》の言《い》いたいことを箇条書《かじょうが》きにしておく。

教室《きょうしつ》の後《うし》ろの人《ひと》に聞《き》こえるように、口《くち》を大《おお》きく開《あ》け、はっきりした声《こえ》で話《はな》します。

2人で話《はな》し合《あ》う

聞《き》いている人《ひと》の顔《かお》を見《み》ながら、わかりやすく話《はな》します。

話《はな》し合《あ》いの約束《やくそく》を決《き》めて、順番《じゅんばん》に少《すこ》し大《おお》きい声《こえ》で話《はな》します。

グループで話《はな》し合《あ》う

先生《せんせい》と話《はな》す

丁寧《ていねい》な話《はな》し方《かた》で聞《き》かれたことに答《こた》え、わからないことをたずねます。

上手《じょうず》に聞《き》く

京女式《きょうじょしき》ポイント

- 上手《じょうず》に話《はなし》を聞《き》くと話《はな》し手《て》が嬉《うれ》しくなります。
- 話《はな》し手《て》が嬉《うれ》しいと良《よ》い話《はなし》が生《う》まれます。
- 上手《じょうず》に聞《き》くと話《はな》し手《て》の良《よ》いところをたくさん見《み》つける力《ちから》につながります。

上手《じょうず》な聞《き》き方《かた》

- 口《くち》を閉《と》じて聞《き》く。
- 相手《あいて》の目《め》を見《み》て聞《き》く。
- 相手《あいて》の方《ほう》に体《からだ》を向《む》けて聞《き》く。
- 良《よ》い姿勢《しせい》で聞《き》く。
- 手遊《てあそ》びしないで聞《き》く。
- 途中《とちゅう》でわかったと思《おも》わないで、最後《さいご》まで聞《き》く。
- 1回《かい》で聞《き》き取《と》る。
- 何《なん》のお話《はなし》か、考《かんが》えながら聞《き》く。
- うなずきながら聞《き》く。

こんな聞《き》き方《かた》をしていませんか？

隣《となり》の子《こ》とおしゃべりしている。

大事《だいじ》なことが聞《き》きとれない。

手遊《てあそ》びをしている。

遊《あそ》びに夢中《むちゅう》になって、授業《じゅぎょう》に集中《しゅうちゅう》しない。

よそ見《み》をしている。

話《はなし》の内容《ないよう》がわからない。

他《ほか》の事《こと》を考《かんが》えている。

話題《わだい》の中《なか》に入《はい》れない。

音読《おんどく》と読書《どくしょ》

京女式《きょうじょしき》ポイント

- 本《ほん》を読《よ》む活動《かつどう》には音読《おんどく》と読書《どくしょ》があります。
- 活字《かつじ》に親《した》しむのは、勉強《べんきょう》の基礎《きそ》です。
- 本《ほん》は、想像《そうぞう》や空想《くうそう》する楽《たの》しさの始《はじ》まりです。

立《た》って本《ほん》を読《よ》むとき

上手《じょうず》な音読《おんどく》の仕方《しかた》

- 背筋《せすじ》を伸《の》ばして口《くち》を大《おお》きく開《あ》ける。
- 最初《さいしょ》は文《ぶん》を区切《くぎ》って読《よ》むと大《おお》きな声《こえ》が出《で》る。
- 点《てん》、丸《まる》のところで息継《いきつ》ぎをする。

座《すわ》って本《ほん》を読《よ》むとき

- 両手《りょうて》で本《ほん》を持《も》つ。
- 正《ただ》しい姿勢《しせい》で読《よ》む。

本《ほん》の読《よ》み方《かた》

本《ほん》のめくり方《かた》

本《ほん》との距離《きょり》

正《ただ》しくページをめくる

本《ほん》と目《め》の距離《きょり》は約《やく》30cm

読《よ》み方《かた》のいろいろ

声《こえ》に出《だ》して読《よ》む

指《ゆび》でなぞって読《よ》む

声《こえ》に出《だ》さないで読《よ》む

微音読《びおんどく》

② 生活《せいかつ》基礎《きそ》編《へん》

名前《なまえ》を付《つ》けよう

京女式《きょうじょしき》ポイント

- 名前《なまえ》は記号《きごう》ではなく、自分《じぶん》の代《か》わりになるものです。
- 物《もの》を大切《たいせつ》にする心《こころ》が名前《なまえ》に表《あらわ》れます。
- 丁寧《ていねい》に名前《なまえ》を書《か》くことは生活《せいかつ》力《りょく》の基礎《きそ》になります。

持《も》ち物《もの》に名前《なまえ》を書《か》きましょう

教科書《きょうかしょ》など学用品《がくようひん》に、親《おや》が名前《なまえ》を書《か》くと子《こ》どもは自分《じぶん》の名前《なまえ》を大切《たいせつ》にします。学習《がくしゅう》に疲《つか》れたとき、名前《なまえ》を見《み》て、また学習《がくしゅう》への意欲《いよく》が高《たか》まります。名前《なまえ》は学習力《がくしゅうりょく》を応援《おうえん》する見《み》えない力《ちから》です。

小《ちい》さな学用品《がくようひん》まで1つ1つ
丁寧《ていねい》に名前《なまえ》を書《か》きます。

持《も》ち物《もの》に名前《なまえ》がないと…

名前《なまえ》を書《か》いていないと持《も》ち物《もの》を落《お》としたときに困《こま》ったことが起《お》きる。拾《ひろ》った人《ひと》は誰《だれ》に返《かえ》してよいかわからない。落《お》とした人《ひと》も自分《じぶん》の物《もの》かどうかわからない。持《も》ち物《もの》には名前《なまえ》を書《か》くようにしよう。

1
あら、定規が落ちている
2
だれの定規かしら?
あっ!
ボクの定規がみつからないよ〜〜〜
ゴン
ゴン
ゴン
3
もしかしたらこれじゃない?
4
名前が書いてないからボクのかどうかわからないや‥‥

道具《どうぐ》の使《つか》い方《かた》

京女式《きょうじょしき》ポイント

- 学習用具《がくしゅうようぐ》によっては危険物《きけんぶつ》もあるので、道具《どうぐ》の上手《じょうず》な使《つか》い方《かた》を覚《おぼ》えます。
- 道具《どうぐ》の役割《やくわり》を考《かんが》えて上手《じょうず》に使《つか》うことが学習効果《がくしゅうこうか》を上《あ》げます。

はさみの使《つか》い方《かた》

はさみは使《つか》い方《かた》によっては危険《きけん》な道具《どうぐ》です。
安全《あんぜん》を考《かんが》えて紙《かみ》を切《き》るようにします。

親指《おやゆび》
人《ひと》さし指《ゆび》
中指《なかゆび》

このように持《も》とうね

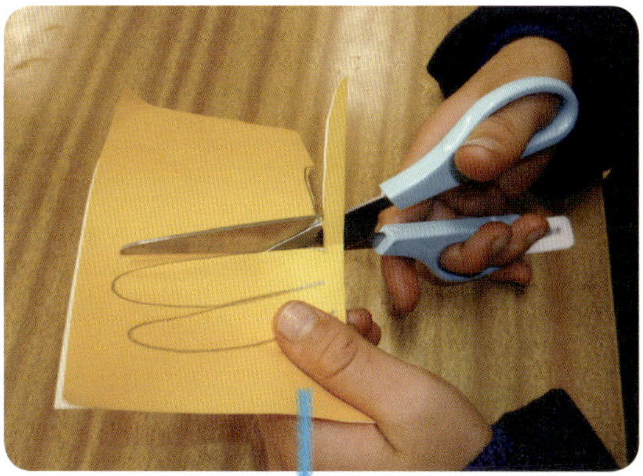

まっすぐ切《き》るときは、切《き》っている先《さき》の方《ほう》を見《み》ます。切《き》る紙《かみ》に手《て》を添《そ》えて切《き》りやすいようにします。

はさみの受《う》け渡《わた》しは、相手《あいて》に危険《きけん》がないように、特《とく》に注意《ちゅうい》が必要《ひつよう》です。

のりの使《つか》い方《かた》

のりを必要《ひつよう》なだけ指《ゆび》にとって、はみ出《だ》さないように紙《かみ》に付《つ》けます。

セロハンテープの使《つか》い方《かた》

テープを必要《ひつよう》な長《なが》さに切《き》って、紙《かみ》とテープの間《あいだ》に隙間《すきま》があかないように丁寧《ていねい》に貼《は》って、指《ゆび》で抑《おさ》えます。

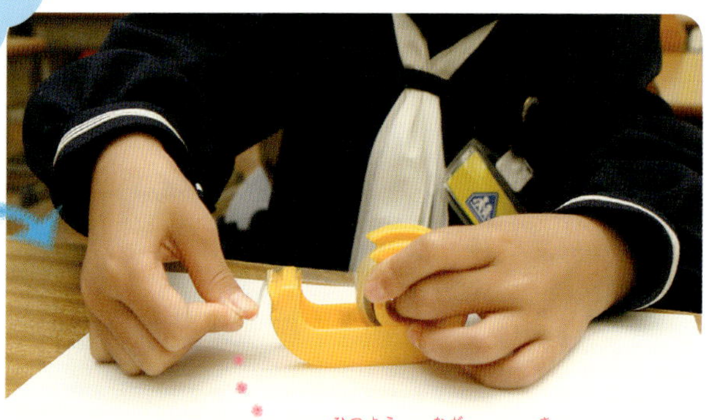

必要《ひつよう》な長《なが》さに切《き》る

テープをピンと張《は》って

丁寧《ていねい》にテープを貼《は》って、はがれないように指《ゆび》で押《お》さえる

定規《じょうぎ》の使《つか》い方《かた》

まっすぐになるように

線《せん》を引《ひ》くときには定規《じょうぎ》を使《つか》います。縦《たて》に引《ひ》くときには、文字《もじ》の上《うえ》に定規《じょうぎ》を置《お》いて、文《ぶん》の右側《みぎがわ》に線《せん》を引《ひ》きます。横《よこ》に引《ひ》くときには、文《ぶん》の下《した》に定規《じょうぎ》を置《お》き、左《ひだり》から右《みぎ》に線《せん》を引《ひ》きます。

縦《たて》に引《ひ》く

上《うえ》から下《した》へ

手《て》で定規《じょうぎ》を抑《おさ》える

横《よこ》に引《ひ》く

左《ひだり》から右《みぎ》へ

手《て》で定規《じょうぎ》を抑《おさ》える

これで上手《じょうず》に使《つか》えるね

プリントの整理《せいり》の仕方《しかた》

京女式《きょうじょしき》ポイント

- 学校《がっこう》からのプリントはたくさんあります。
- 1枚《まい》1枚大切《まいたいせつ》なものなので、なくさないように整理《せいり》をすることが、責任《せきにん》ある行動《こうどう》につながります。

ファイルの使《つか》い方《かた》

角《かど》と角《かど》を合《あ》わせる

真《ま》ん中《なか》で折《お》る

ファイルに入《い》れる

大《おお》きなプリントの折《お》り方《かた》

紙《かみ》の折《お》り方《かた》を覚《おぼ》えておくと便利《べんり》だよ

①プリントをもらう

②2つに折《お》る

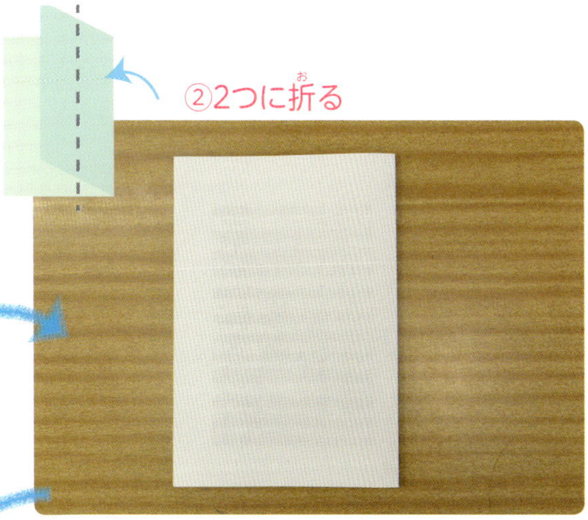

③右側《みぎがわ》の半分《はんぶん》をもう2つに折《お》る

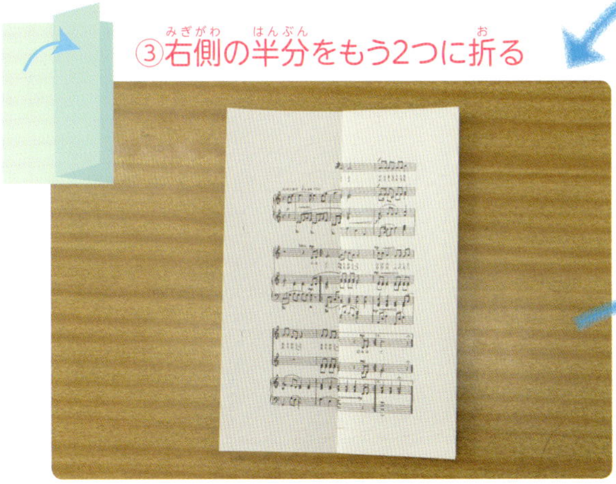

④紙《かみ》ファイルに入《い》れて、できあがり

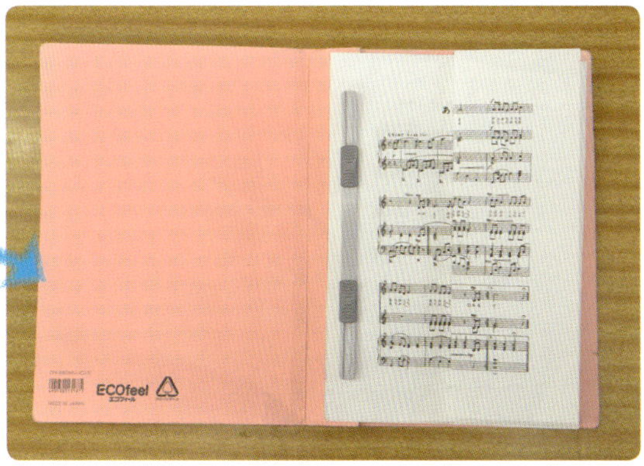

お道具箱《どうぐばこ》の整理《せいり》をしましょう

お道具箱《どうぐばこ》が整頓《せいとん》できていると道具《どうぐ》が探《さが》しやすく、時間《じかん》がかかりません。片付《かた づ》けるときには元《もと》の位置《いち》に入《い》れます。

着《き》替《が》えをしよう

京女式《きょうじょしき》ポイント

- 体育《たいいく》の着替《きが》えは生活《せいかつ》の様子《ようす》がよく表《あらわ》れます。
- 日頃《ひごろ》から自分《じぶん》でできる力《ちから》を養《やしな》いましょう。
- 体育《たいいく》の学習《がくしゅう》は着替《きが》えで始《はじ》まり着替《きが》えで終《お》わります。

体操服《たいそうふく》に着替《きが》えましょう

制服《せいふく》から体操服《たいそうふく》に素早《すばや》く着替《きが》え、制服《せいふく》を丁寧《ていねい》にたたみます。制服《せいふく》を体操服《たいそうふく》のバッグに入《い》れておきます。

洋服《ようふく》をたたみましょう

2つにたたみましょう

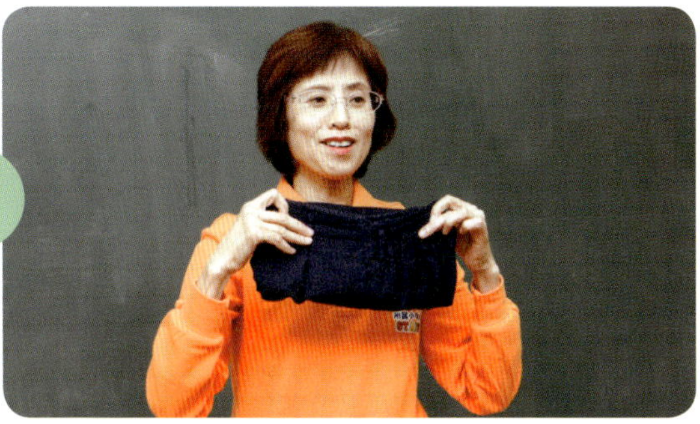

男子《だんし》

制服《せいふく》上着《うわぎ》

制服《せいふく》ズボン

カッターシャツ

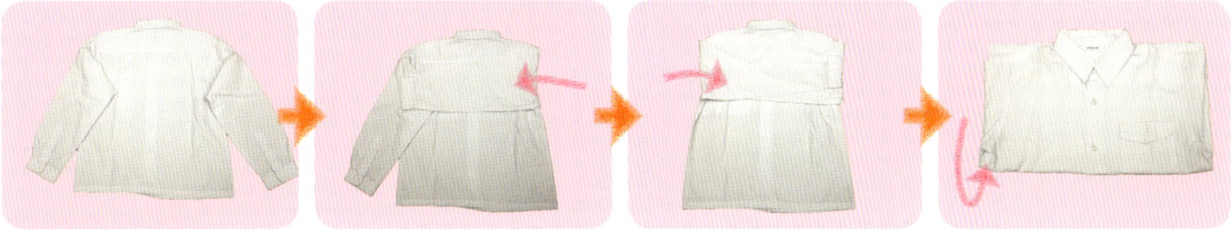

女子《じょし》

制服《せいふく》上着《うわぎ》

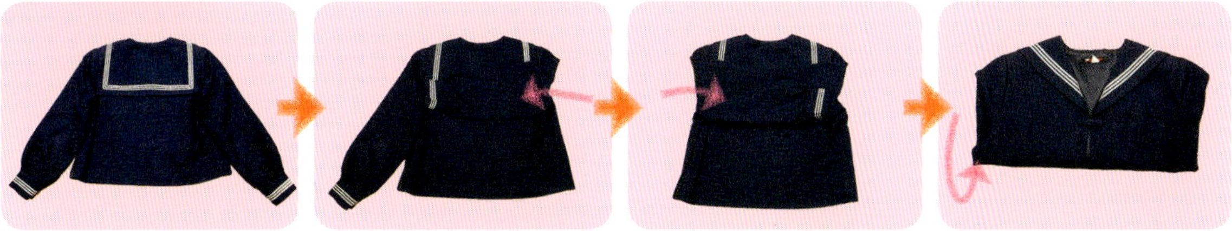

制服《せいふく》スカート

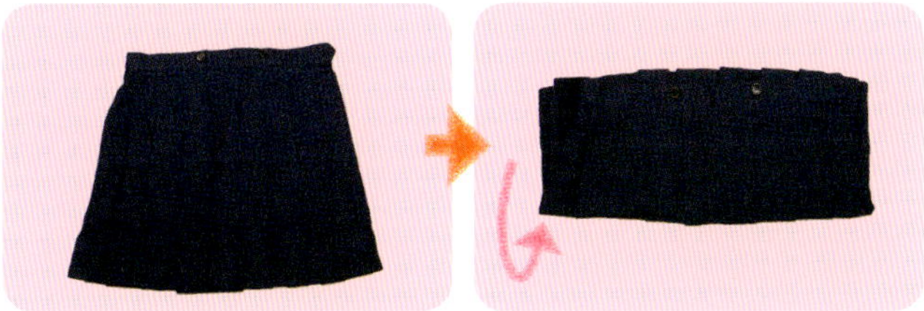

時計《とけい》をよもう

京女式《きょうじょしき》ポイント

- 時刻《じこく》を確《たしか》めることは子《こ》どもの生《せい》活《かつ》の中《なか》にはたくさんあります。
- 時間《じかん》の概念《がいねん》を知《し》ることは、計《けい》画的《かくてき》な行動《こうどう》につながります。
- 時間《じかん》に関心《かんしん》を持《も》たせましょう。

時計《とけい》のよみ方《かた》

短針《たんしん》
「何時《なんじ》」を表《あら》わす。
短針《たんしん》が2周回《しゅうまわ》ると24時間《じかん》（1日《にち》）

今《いま》、何時《なんじ》かな?

長針《ちょうしん》
「何分《なんぷん》」を表《あら》わす。
長針《ちょうしん》が1周回《しゅうまわ》ると60分《ぷん》（1時間《じかん》）

電車《でんしゃ》やバスの時刻表《じこくひょう》をよんでみましょう

電車《でんしゃ》の時刻表《じこくひょう》のよみ方《かた》

時	平日
5	00　20　40
6	00　15　30　45
7	00　10　20　30　40　50
8	00　10　20　30　40　50

何時《なんじ》をあらわす

何分《なんぷん》をあらわす

7時《じ》50分《ぷん》に電車《でんしゃ》が発車《はっしゃ》することをあらわしている

附属小学校《ふぞくしょうがっこう》の1日《にち》のスケジュール

8:00～
8:35
登校《とうこう》

8:40～
8:45
計算力《けいさんりょく》アップタイム

8:55～
授業《じゅぎょう》

12:25～
12:55
昼食《ちゅうしょく》

13:35～
14:20
授業《じゅぎょう》

15:20～
16:00
下校《げこう》

人《ひと》に対《たい》するマナー

京女式《きょうじょしき》ポイント

- 相手《あいて》のことを思《おも》う力《ちから》は人間《にんげん》の基本《きほん》です。
- 言葉《ことば》の力《ちから》で感謝《かんしゃ》の気持《きも》ちを伝《つた》えると周《まわ》りの人《ひと》も気持《きも》ち良《よ》くなります。
- マナーは豊《ゆた》かな心《こころ》と深《ふか》い関係《かんけい》があります。

感謝《かんしゃ》の気持《きも》ちを言葉《ことば》にしましょう。「ありがとうございます」

「ありがとうございます」は、物《もの》を借《か》りたとき、お世話《せわ》になったとき、親切《しんせつ》にしてもらったとき、などに使《つか》う感謝《かんしゃ》の言葉《ことば》です。

約束《やくそく》を守《まも》りましょう

自分《じぶん》の責任《せきにん》を言葉《ことば》に表《あらわ》すことが、人《ひと》との約束《やくそく》です。

約束《やくそく》が
守《まも》れなかった時《とき》は
正直《しょうじき》に話《はなし》をすることが
学習《がくしゅう》する力《ちから》です

勝手《かって》に推測《すいそく》をして、ものを言《い》わないようにしましょう

知《し》らないことを知《し》っているように言《い》うことを噂《うわさ》と言《い》います。噂《うわさ》を聞《き》いたときは、正《ただ》しいことを伝《つた》えているかどうか、判断《はんだん》することが必要《ひつよう》です。

噂《うわさ》を楽《たの》しんで
話《はな》しているときにも
必《かなら》ず悲《かな》しんでいる人《ひと》が
いることに気《き》付《づ》く力《ちから》が
大切《たいせつ》です

人《ひと》に迷惑《めいわく》をかけたときは

素直《すなお》に謝《あやま》ります。素直《すなお》に謝《あやま》るコツは、すぐに謝《あやま》る、「ごめんなさい」と言《い》う、次《つぎ》にどうするかを考《かんが》えてお詫《わ》びの言葉《ことば》にすることが大事《だいじ》です。素直《すなお》に謝《あやま》る子《こ》は、素直《すなお》に賢《かしこ》く育《そだ》ちます。

自分《じぶん》がしたことや
迷惑《めいわく》をかけたことを
自分《じぶん》の言葉《ことば》で
丁寧《ていねい》に謝《あやま》ると
心《こころ》が育《そだ》つ

3 学習編《がくしゅうへん》
言葉遊《ことばあそ》び

京女式《きょうじょしき》ポイント

- 教室《きょうしつ》の掲示物《けいじぶつ》は「こんな勉強《べんきょう》をしてほしい」という先生《せんせい》の気持《きも》ちの表《あらわ》れです。
- 掲示物《けいじぶつ》から言葉《ことば》の力《ちから》を身《み》に付《つ》けましょう。

カタカナから始《はじ》めましょう

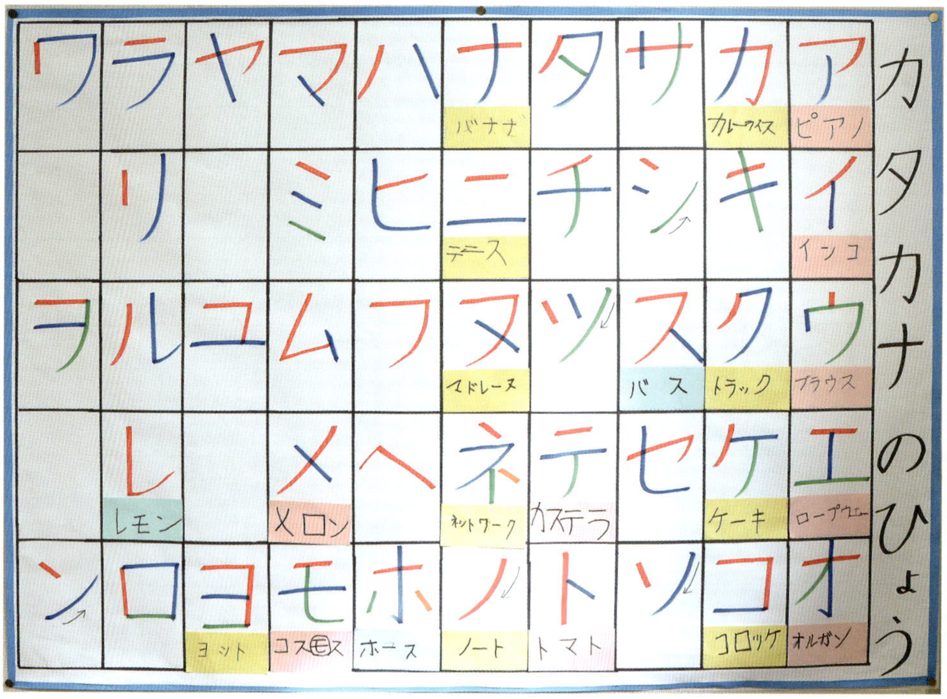

カタカナの言葉《ことば》は生活《せいかつ》の中《なか》にたくさんあります。言葉集《ことばあつ》めをすると語彙力《ごいりょく》が増《ふ》えます。

感情《かんじょう》を表《あらわ》す言葉《ことば》

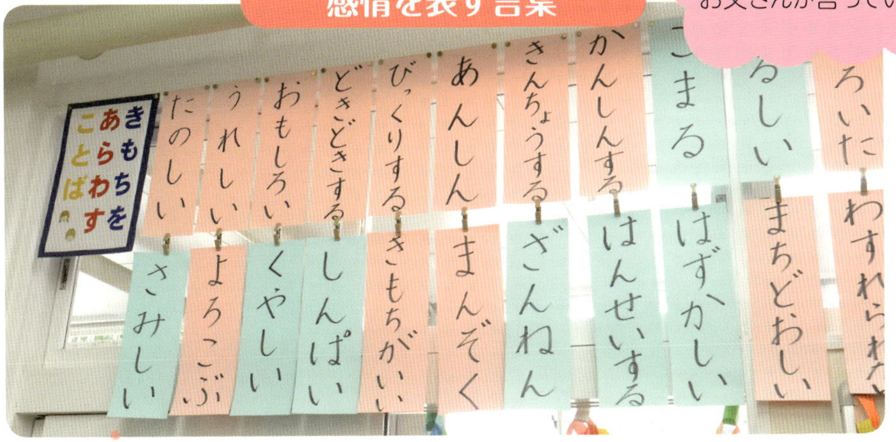
きもちを
あらわす
ことば
こまる
かんしんする
きんちょうする
あんしん
びっくりする
どきどきする
おもしろい
うれしい
たのしい
まちどおしい
はずかしい
はんせいする
ざんねん
まんぞく
きもちがいい
しんぱい
くやしい
よろこぶ
さみしい

お父《とう》さんが言《い》っていたよ

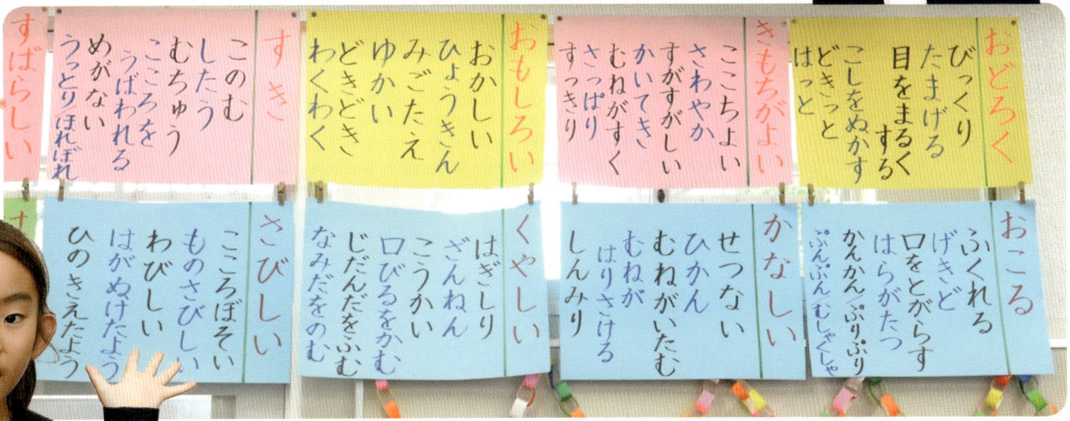
おどろく
びっくり
たまげる
目をまるくする
こしをぬかす
どきっと
はっと
きもちがよい
ここちよい
さわやか
すがすがしい
かいてき
むねがすく
さっぱり
すっきり
おもしろい
おかしい
ひょうきん
みごたえ
ゆかい
どきどき
わくわく
すき
このむ
したう
むちゅう
こころをうばわれる
めがない
うっとりほれぼれ
すばらしい
おこる
ふくれる
げきど
口をとがらす
はらがたつ
かんかん/ぷりぷり
ぷんぷん/むしゃくしゃ
かなしい
せつない
ひかん
むねがいたむ
むねがはりさける
しんみり
くやしい
はぎしり
ざんねん
こうかい
口びるをかむ
じだんだをふむ
なみだをのむ
さびしい
こころぼそい
ものさびしい
わびしい
はがぬけたよう
ひのきえたよう

こんな言葉《ことば》があるんだな

こんな言葉《ことば》を知《し》っているよ

人《ひと》の動作《どうさ》を表《あらわ》す言葉《ことば》

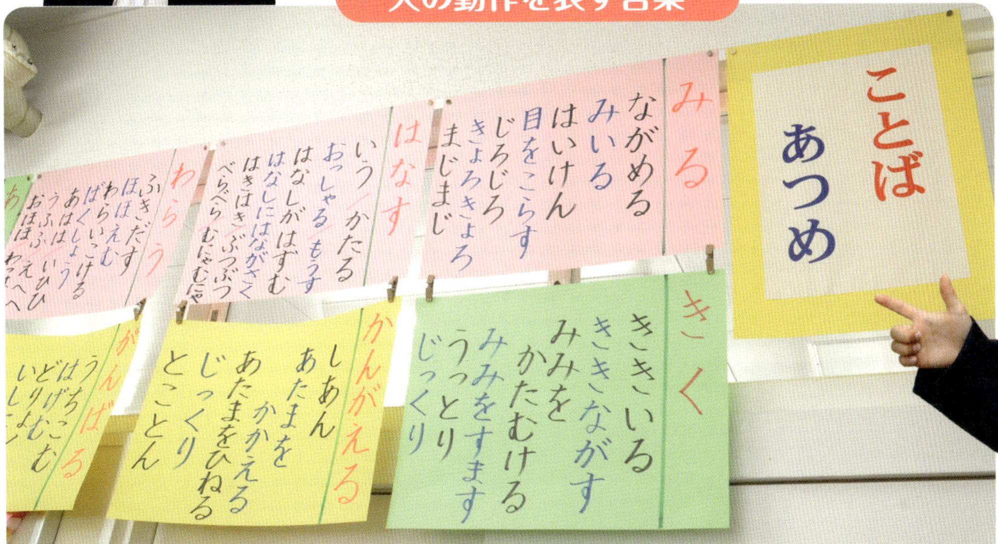
ことば
あつめ
みる
ながめる
みいる
はいけん
目をこらす
じろじろ
きょろきょろ
まじまじ
はなす
いう/かたる
おっしゃる もうす
はなしがはずむ
はなしにはながさく
はきはき ぶつぶつ
べらべら むにゃむにゃ
わらう
ふきだす
ほほえむ
わらいこける
きく
ききいる
ききながす
みみをかたむける
みみをすます
うっとり
じっくり
かんがえる
しあん
あたまをかかえる
あたまをひねる
じっくり
とことん
がんばる

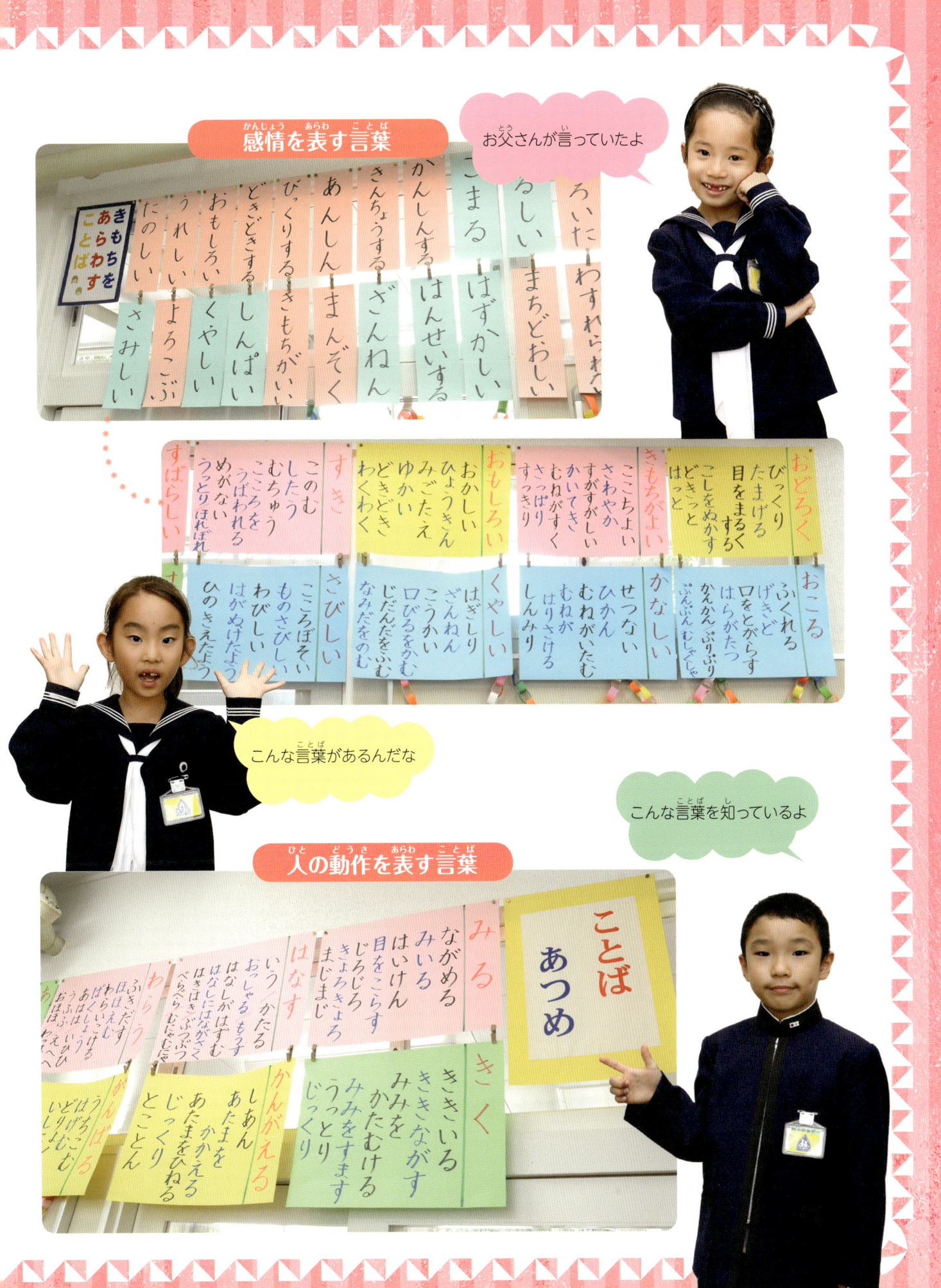

ノート検定《けんてい》

京女式《きょうじょしき》ポイント

- ノートは学習《がくしゅう》の記録《きろく》であるとともに、考《かんが》える力《ちから》を育《そだ》てる大切《たいせつ》な学用品《がくようひん》です。
- 附小《ふしょう》ノート検定《けんてい》のキーワードは「丁寧《ていねい》に美《うつく》しいノート」です。

ノートの7カ条《じょう》

1. 日付《ひづけ》とページ数《すう》を書《か》く。

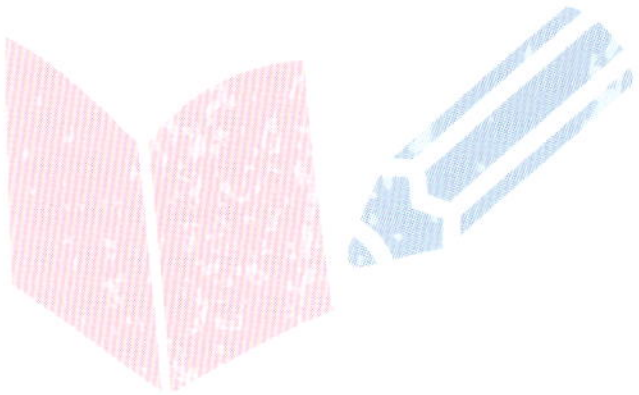

2. 落書《らくが》きをしない。
3. 大《おお》きな字《じ》で、丁寧《ていねい》に書《か》く。マス目《め》からはみ出《だ》さない。HB か B 以上《いじょう》の鉛筆《えんぴつ》で書《か》く。
4. 間隔《かんかく》（間《あいだ》）を空《あ》け過《す》ぎない。ノートを飛《と》ばさない。空《あ》ける場合《ばあい》は 3 行《ぎょう》まで。4 行以上空《ぎょういじょうあ》いてしまった場合《ばあい》は、それぞれの教科《きょうか》にあった学習内容《がくしゅうないよう》を書《か》く。
5. 大切《たいせつ》なところは、赤鉛筆《あかえんぴつ》など色《いろ》を変《か》えて書《か》く。
6. 線《せん》を引《ひ》く時《とき》は、定規《じょうぎ》を使《つか》う。
7. プリントはノートにはる。

これが合格《ごうかく》ノート！

京女式《きょうじょしき》ノート指導術《しどうじゅつ》

ノート検定《けんてい》をしています

ノートの書《か》き方《かた》

京女式《きょうじょしき》ポイント

- ノート指導《しどう》の始《はじ》まりは黒板《こくばん》を丁寧《ていねい》に写《うつ》すことです。
- ノートのどこに何《なに》を書《か》くかを黒板《こくばん》に示《しめ》します。
- 小《ちい》さな積《つ》み重《かさ》ねが大事《だいじ》。急《いそ》がず、慌《あわ》てず、書《か》かせます。

基本的《きほんてき》なノートの書《か》き方《かた》を紹介《しょうかい》しましょう

赤鉛筆《あかえんぴつ》で書《か》く

わかったこと、めあては、赤鉛筆《あかえんぴつ》で目立《めだ》つように書《か》きます。

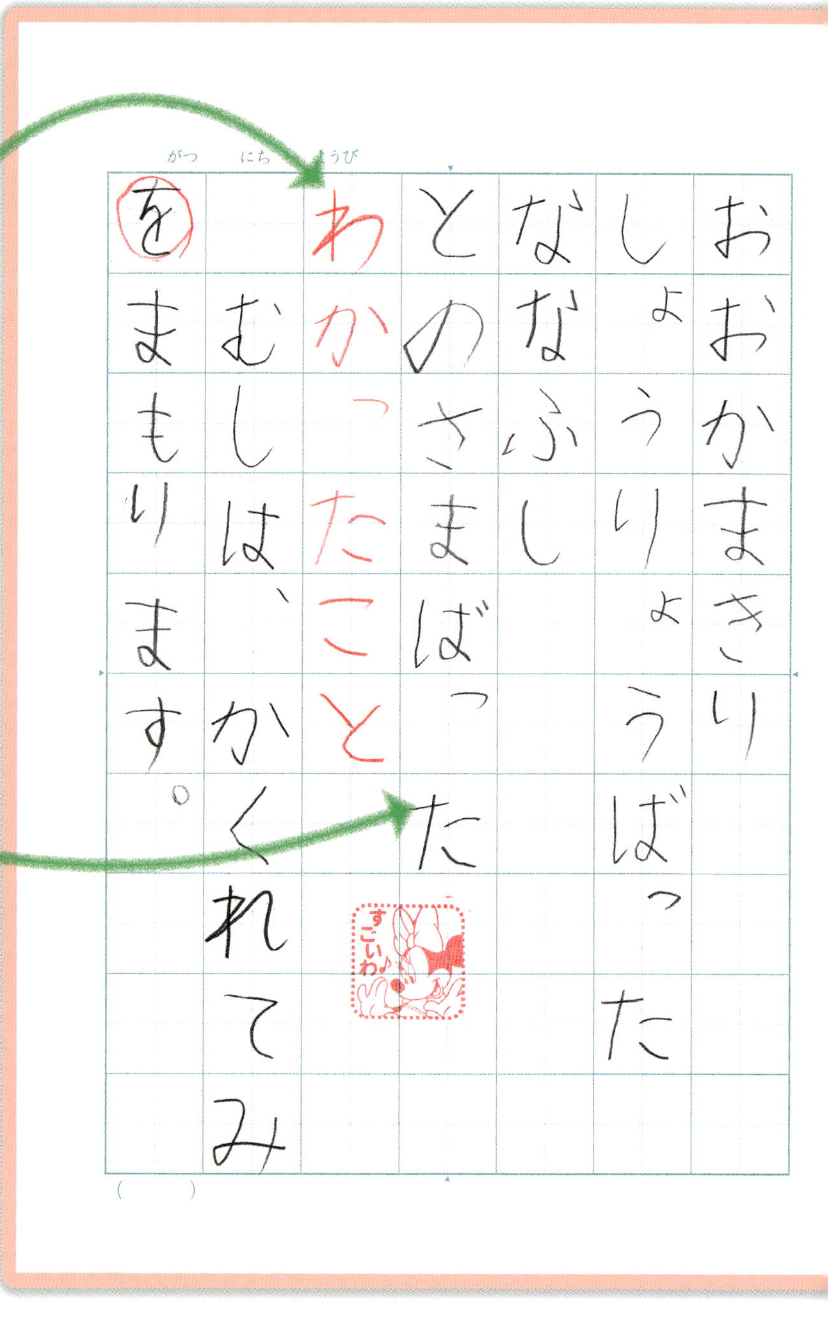
がつ にち ようび
おおかまきり
しょうりょうばった
ななふし
とのさまばった
わかったこと
むしは、かくれてみ
をまもります。
すごいわ♪

マス目《め》を意識《いしき》する

マス目《め》からはみ出《だ》さないように書《か》くと、正《ただ》しく美《うつく》しい字《じ》が書《か》けるようになります。

丁寧《ていねい》に写《うつ》す

先生《せんせい》の指示《しじ》通《どお》りに、黒板《こくばん》の字《じ》を丁寧《ていねい》に写《うつ》します。

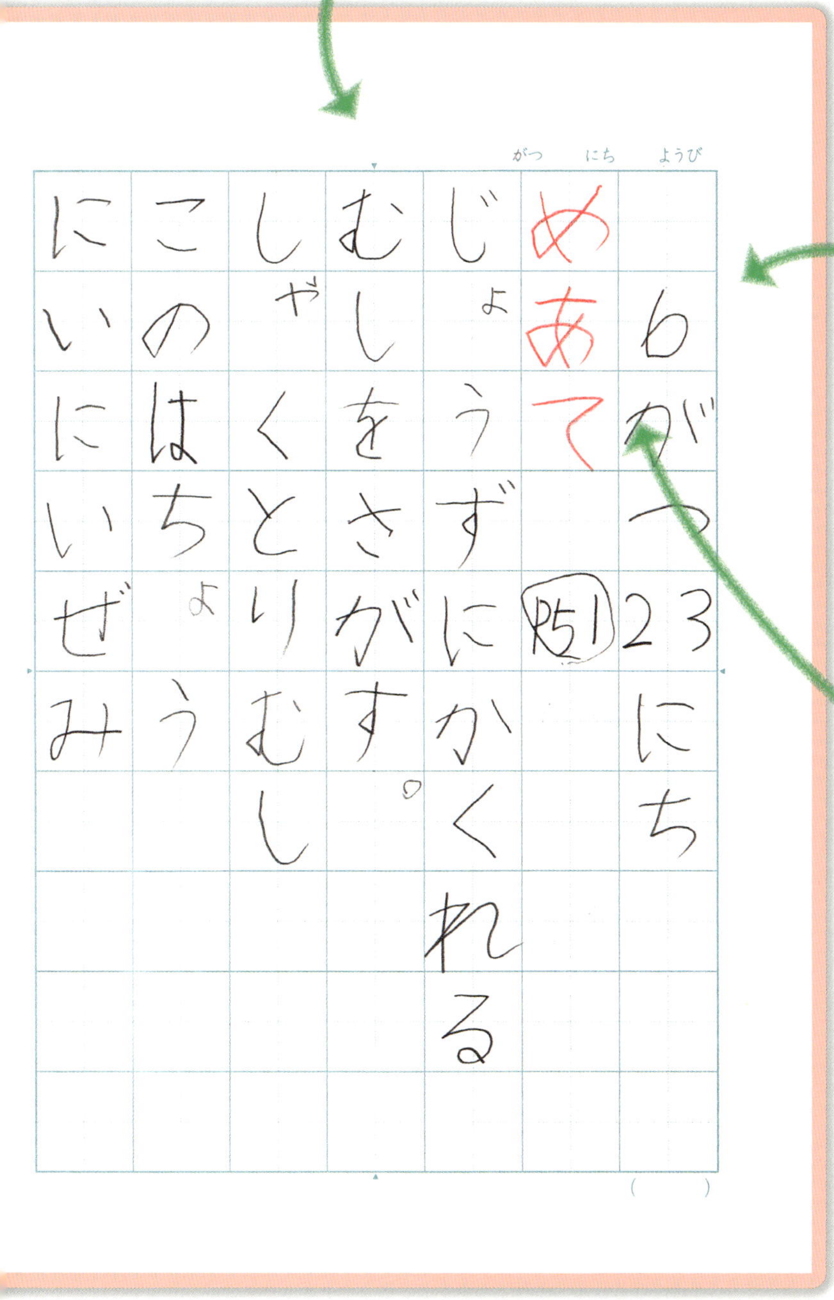

日付《ひづけ》を書《か》く

日付《ひづけ》はいつ学習《がくしゅう》したかという記録《きろく》としての役割《やくわり》を果《は》たします。

めあてを書《か》く

授業《じゅぎょう》の目的《もくてき》を書《か》きながら学習《がくしゅう》する事柄《ことがら》や内容《ないよう》をイメージします。

音読集会《おんどくしゅうかい》

京女式《きょうじょしき》ポイント

- 音読《おんどく》は声《こえ》に出《だ》して読《よ》むという本来《ほんらい》の目的《もくてき》のほかに、集中力《しゅうちゅうりょく》を育《そだ》てる効果《こうか》があります。
- はきはきとした声《こえ》で読《よ》むことが学習力育成《がくしゅうりょくいくせい》の基礎《きそ》になります。

正《ただ》しく、丁寧《ていねい》に、明《あか》るい声《こえ》で読《よ》みましょう

子《こ》ども1人1人が練習《れんしゅう》するほか、クラス全員《ぜんいん》で練習《れんしゅう》して、全校《ぜんこう》のみんなが参加《さんか》する音読集会《おんどくしゅうかい》に臨《のぞ》みます。

はきはきした声《こえ》で

口《くち》を大《おお》きく開《あ》け、おなかに力《ちから》を入《い》れて読《よ》みます。文末《ぶんまつ》をしっかり読《よ》むと読《よ》む力《ちから》がはっきりして、音読《おんどく》になります。

自分《じぶん》の声《こえ》を聞《き》きながら読《よ》みましょう

音読《おんどく》は国語《こくご》の勉強《べんきょう》の大切《たいせつ》な学習活動《がくしゅうかつどう》です。くり返《かえ》し続《つづ》けると澄《す》んだ美《うつく》しい声《こえ》で音読《おんどく》ができるようになります。

効果的《こうかてき》な音読《おんどく》の仕方《しかた》

- 自分《じぶん》の声《こえ》を聞《き》きながら読《よ》む。
- 文節《ぶんせつ》を意識《いしき》して読《よ》む。
- くり返《かえ》し読《よ》み、覚《おぼ》える。
- 覚《おぼ》えたことを声《こえ》に出《だ》す。

このくり返《かえ》しで、スラスラ読《よ》めるようになります。

くり返《かえ》し読《よ》む

言語力検定《げんごりょくけんてい》

京女式《きょうじょしき》ポイント

- 語彙力《ごいりょく》は考《かんが》える力《ちから》とつながります。
- 多《おお》くの語彙《ごい》を持《も》つことは、豊《ゆた》かな生《い》き方《かた》につながります。
- 言語力検定《げんごりょくけんてい》は、言葉《ことば》に対《たい》する好奇心《こうきしん》を養《やしな》います。

新《あたら》しい言葉《ことば》を増《ふ》やしましょう

語彙力《ごいりょく》アップ

言語力検定《げんごりょくけんてい》は、気付《きづ》かないで使《つか》っている語彙《ごい》に関心《かんしん》を持《も》たせたり、新《あたら》しい言葉《ことば》を増《ふ》やしたり、言葉《ことば》に対《たい》する好奇心《こうきしん》を耕《たがや》します。
語彙《ごい》が増《ふ》えると考《かんが》える力《ちから》が育《そだ》ってきます。言葉《ことば》の数《かず》を増《ふ》やそうという気持《きも》ちを持《も》つと語彙《ごい》の数《かず》が増《ふ》えていきます。

第二回《だいにかい》　附小言語力検定《ふしょうげんごりょくけんてい》　テスト（けいご）　九級《きゅう》　一年《いちねん》

なまえ

◎ただしいそんけいごの文の（　）に○をつけなさい。

①せんせいが　くる。
・せんせいが　いらっしゃる。（　）
・せんせいが　こらっしゃる。（　）

②おばあさんがおかしを　くれる。
・おばあさんがおかしを　くださる。（　）
・おばあさんがおかしを　なさる。（　）

③おじいさんが　たべる。
・おじいさんが　めしあがる。（　）
・おじいさんが　たべている。（　）

④おじさんが　いう。
・おじさんが　いらっしゃる。（　）
・おじさんが　おっしゃる。（　）

⑤おばあさんが　ねる。
・おばあさんが　おやすみになる。（　）
・おばあさんが　ねた。（　）

⑥おばさんが　えをみる。
・おばさんが　えをみている。（　）
・おばさんが　えをごらんになる。（　）

◎つぎのことばをていねいごになおしなさい。

⑦あいさつ

⑧はなし

⑨ともだち

⑩ていねい

◎ただしいそんけいごの文の（　）に○をつけなさい。

①せんせいが　くる。
・せんせいが　いらっしゃる。（○）
・せんせいが　こらっしゃる。（×）

②おばあさんがおかしを　くれる。

言語力《げんごりょく》の基礎《きそ》

敬語《けいご》が使《つか》えることは言語力《げんごりょく》の基礎《きそ》になります。正《ただ》しく使《つか》うには知識《ちしき》としての理解《りかい》も見逃《みのが》すことができません。敬語《けいご》の使《つか》い方《かた》は学年《がくねん》を問《と》わず大事《だいじ》にする要素《ようそ》です。

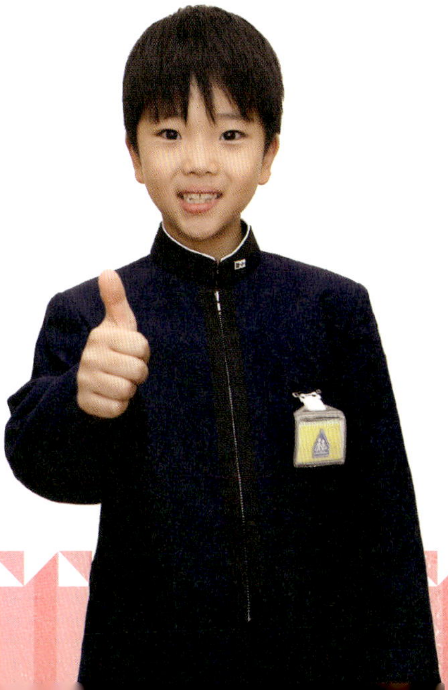

サイエンスショー・漢字《かんじ》クイズ

京女式《きょうじょしき》ポイント

- 学習《がくしゅう》のしつけの基本《きほん》は学習内容《がくしゅうないよう》に興味《きょうみ》を持《も》たせることです。
- 知《し》りたいという心《こころ》を刺激《しげき》すると学習意欲《がくしゅういよく》が高《たか》まります。
- 集会《しゅうかい》などの場《ば》を生《い》かして、関心《かんしん》を高《たか》めます。

サイエンスショー

明《あ》かりがつくか、実験《じっけん》しましょう

科学《かがく》の不思議《ふしぎ》を紹介《しょうかい》する実験《じっけん》です。ショーを見《み》て、不思議《ふしぎ》に感《かん》じたり、驚《おどろ》いたりする過程《かてい》で、科学《かがく》に対《たい》する興味《きょうみ》を持《も》ち、学習《がくしゅう》に対《たい》する意欲《いよく》を高《たか》めます。

明《あ》かりがついたよ
パチ
パチ

漢字《かんじ》クイズ

言語力検定《げんごりょくけんてい》の発展《はってん》として、季節《きせつ》の言葉《ことば》、読《よ》みにくい言葉《ことば》など「かんじ博士《はかせ》かんじぃ」というキャラクターが登場《とうじょう》して、言葉《ことば》に対《たい》する興味《きょうみ》を持《も》たせます。

読《よ》めるかな　目指《めざ》そう「かんじはかせ」

上級生《じょうきゅうせい》が漢字《かんじ》を指導《しどう》する。

辞書《じしょ》の調《しら》べ方《かた》を
上級生《じょうきゅうせい》からも学《まな》ぶ

辞《じ》書《しょ》を引《ひ》く

京女式《きょうじょしき》ポイント

- 辞書《じしょ》を引《ひ》く、調《しら》べる活動《かつどう》などの学習習慣《がくしゅうしゅうかん》を育《そだ》てると学習意欲《がくしゅういよく》が高《たか》まります。
- 習慣《しゅうかん》づけることが大事《だいじ》です。
- 辞書《じしょ》を引《ひ》くと幅広《はばひろ》い思考力《しこうりょく》の基礎《きそ》になります。

どんな言葉《ことば》も引《ひ》いてみましょう

知《し》っている言葉《ことば》、知《し》らない言葉《ことば》に関《かか》わらず、辞書《じしょ》で引《ひ》くと説明《せつめい》する力《ちから》が付《つ》き、それが幅広《はばひろ》い思考力《しこうりょく》の基礎《きそ》になります。手元《てもと》に辞書《じしょ》がある生活《せいかつ》が知識欲《ちしきよく》を高《たか》めます。

漢字辞典《かんじじてん》

漢字《かんじ》を調《しら》べる。

国語辞典《こくごじてん》

言葉《ことば》を調《しら》べる。

例解学習 漢字辞典 第七版
小学館
藤堂明保 編
例解学習 国語辞典 第九版
小学館
金田一京助 編

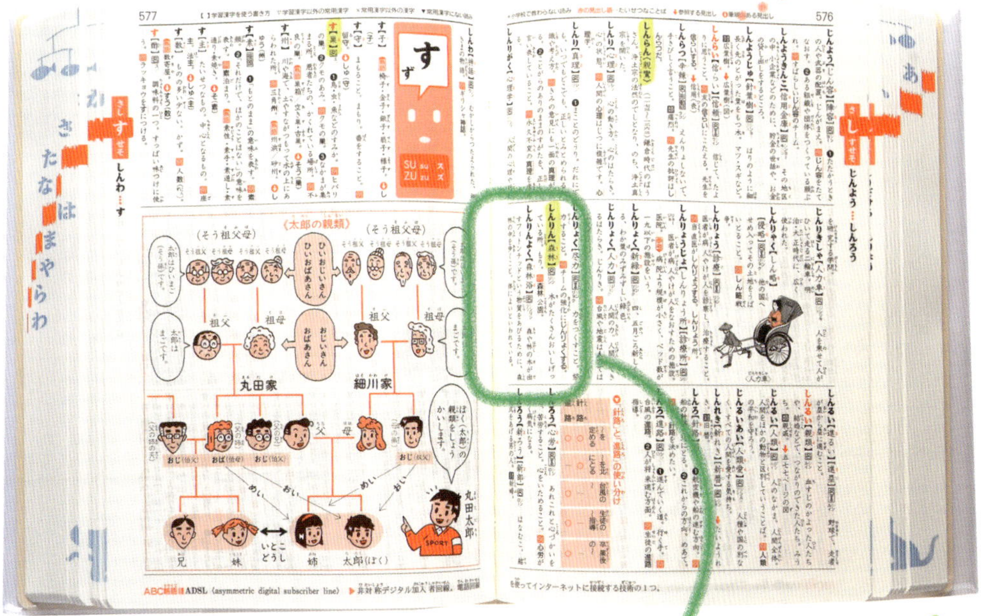

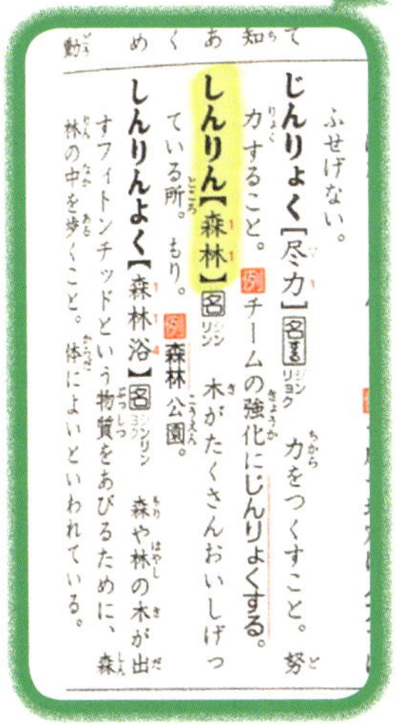
動《どう》 め く あ 知《ち》て
ふせげない。
じんりょく【尽力】名する 力《ちから》をつくすこと。努《ど》力《りょく》すること。例チームの強化《きょうか》にじんりょくする。
しんりん【森林】名 木《き》がたくさんおいしげっている所《ところ》。もり。例森林公園《こうえん》。
しんりんよく【森林浴】名 森《もり》や林《はやし》の木《き》が出《だ》すフィトンチッドという物質《ぶっしつ》をあびるために、森《しん》林《りん》の中《なか》を歩《ある》くこと。体《からだ》によいといわれている。

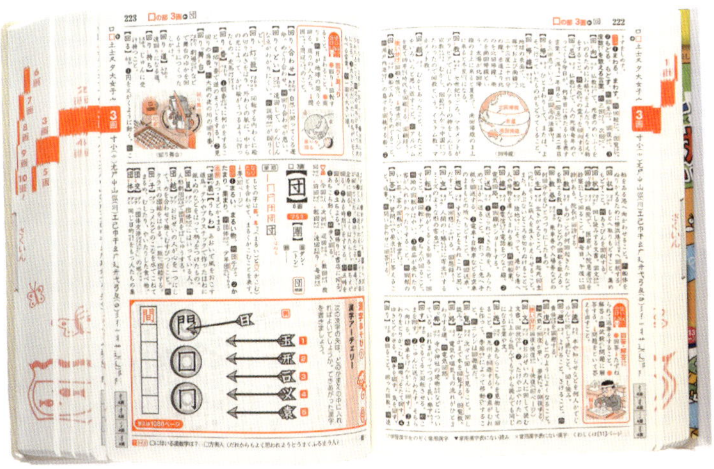

辞書《じしょ》で調《しら》べた語句《ごく》をラインマーカーで引《ひ》くと、どのページにも調《しら》べた語句《ごく》が出《で》てきて、学習《がくしゅう》の形跡《けいせき》を残《のこ》すことになります。学年《がくねん》ごとに色《いろ》を変《か》えると効果的《こうかてき》です。

文《ぶん》を書《か》く

京女式《きょうじょしき》ポイント

- 文《ぶん》を書《か》くことは自分《じぶん》の生活《せいかつ》を大事《だいじ》にする心《こころ》を育《そだ》てます。
- 書《か》いたものは自分《じぶん》の成長《せいちょう》の証《あか》しです。

書《か》くことが好《す》きな子《こ》に育《そだ》てましょう

ここをほめる

わたしもがんばりたいという気持《きも》ちが、とてもよく出《で》ています。

↓

本人《ほんにん》がほめてほしいところをほめる。

ここをほめる

ノートの使《つか》い方《かた》の約束通《やくそくどお》り、丁寧《ていねい》に書《か》けています。

↓

本人《ほんにん》が気付《きづ》いていないところをほめる。

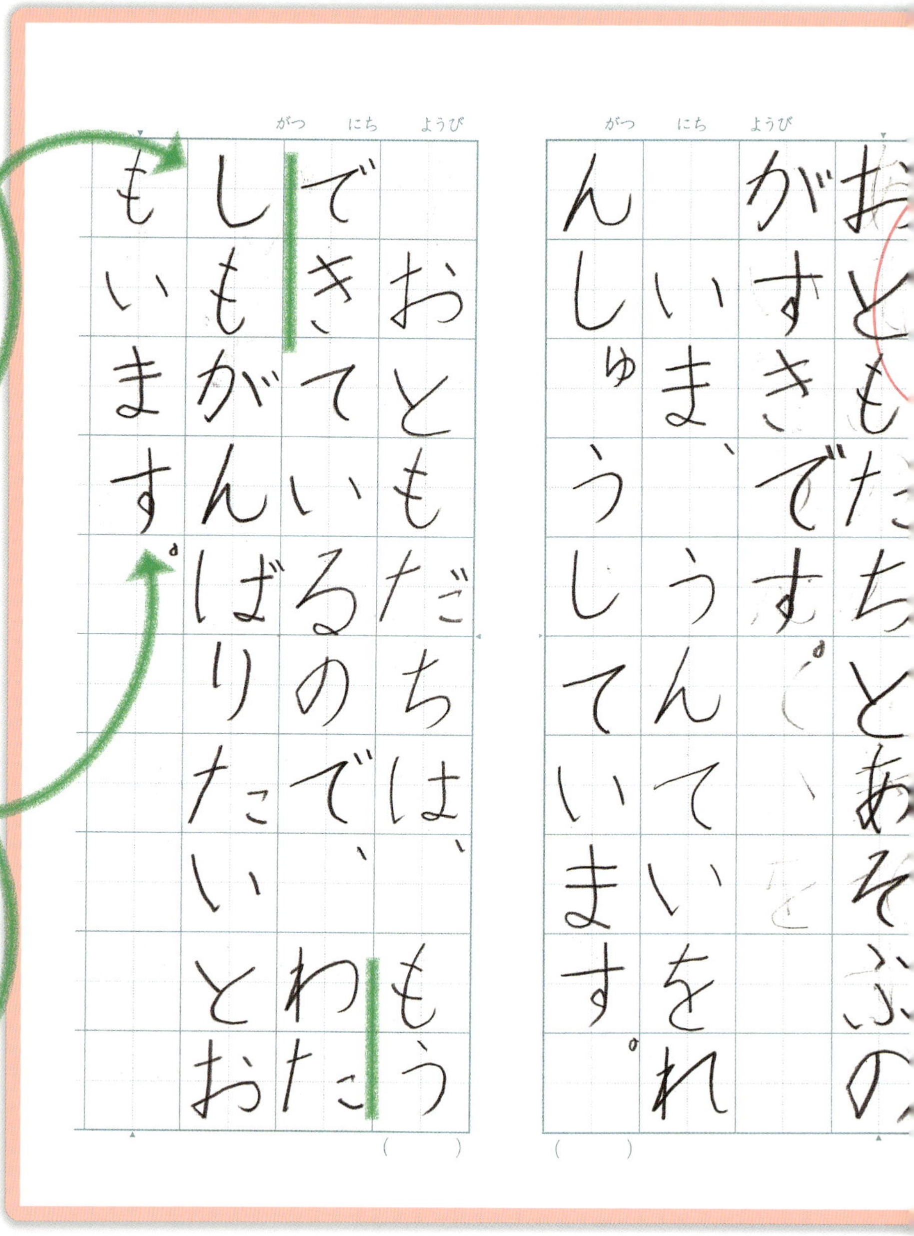
がつ　にち　ようび
おともだちとあそぶの
がすきです。
いま、うんていをれ
んしゅうしています。
がつ　にち　ようび
おともだちは、もう
できているので、わた
しもがんばりたいとお
もいます。

ここをほめる

文章《ぶんしょう》の最後《さいご》が「です。」と約束通《やくそくどお》り正《ただ》しく書《か》けています。

↓

約束事《やくそくごと》を守《まも》っていることをほめる。

ここをほめる

正《ただ》しく美《うつく》しい文字《もじ》で書《か》けています。

↓

マス目《め》を意識《いしき》して書《か》いている文字《もじ》や文《ぶん》をほめる。

ここをほめる

日付《ひづけ》、めあてが上手《じょうず》に書《か》けています。

↓

指示《しじ》や約束事《やくそくごと》を守《まも》っていることをほめる。

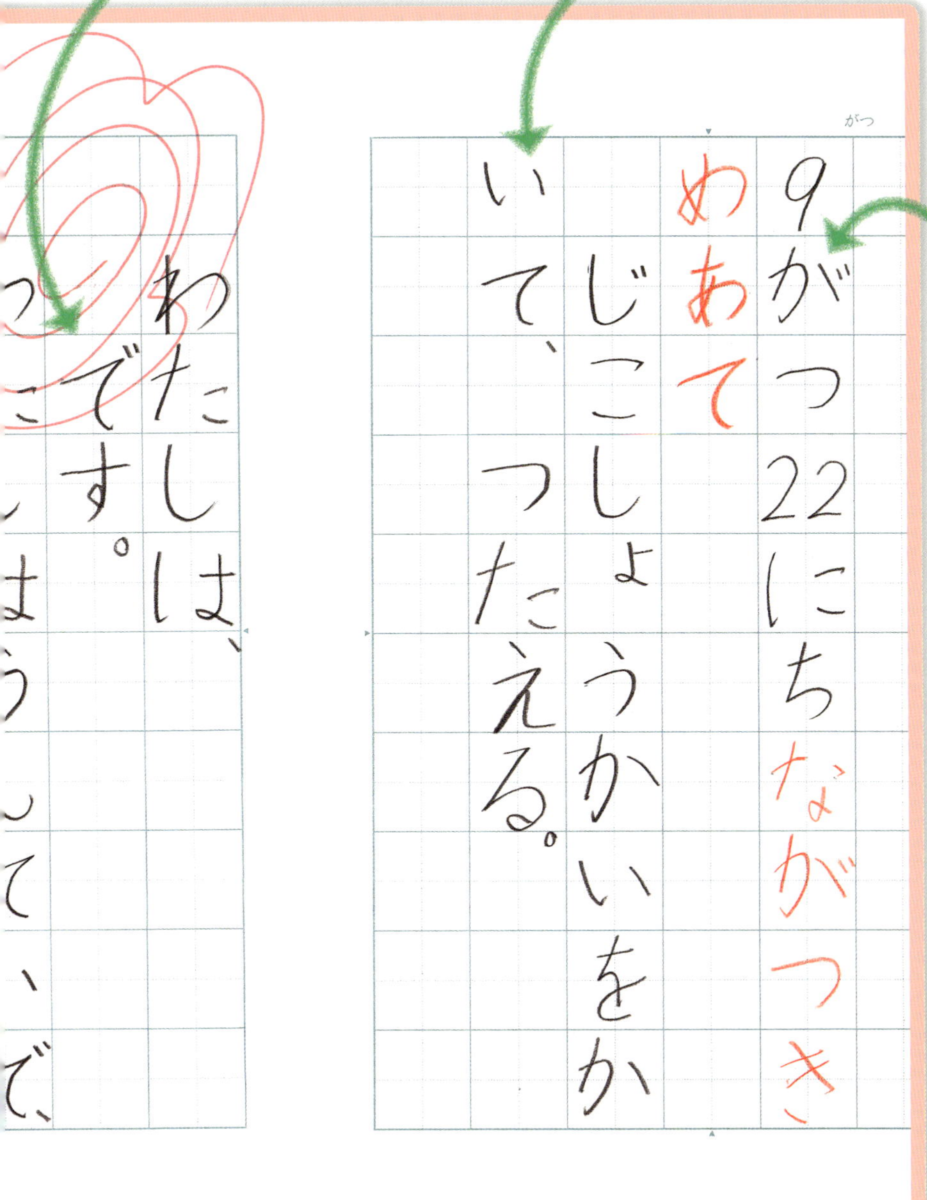
がつ
9がつ22にちながつき
めあて
じこしょうかいをか
いて、つたえる。
わたしは、
です。

書《か》くことが好《す》きな子《こ》に育《そだ》てるコツは、書《か》いたノートをほめることが大事《だいじ》です。ほめるポイントは約束事《やくそくごと》を守《まも》っていることや本人《ほんにん》がほめてほしいところ、本人《ほんにん》が気付《きづ》いていないところなどです。いろいろ見《み》つけてみましょう。

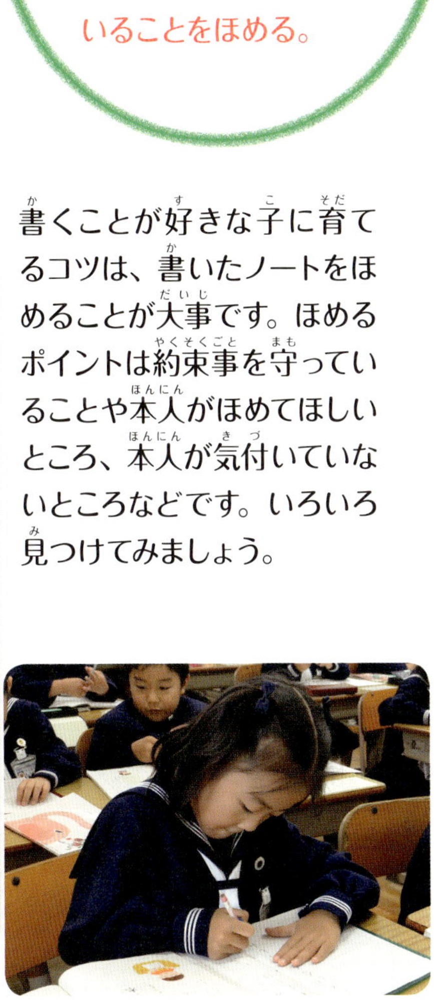

絵日記《えにっき》を書《か》きましょう

絵《え》日《に》記《っき》　2月12日（木）

今日は、一ー一のワ人で、わたりおにをしました。わたりおにのおには十秒かぞえてから、にげている人にったっちんするものです。わたしはやってよかったと思ったことが二つあります。一つ目は、みんなとなかよくあそべたことがうれしかったことです。二つ目は、

なまえ（　　）

絵日記《えにっき》は絵《え》と文《ぶん》で1つです。絵《え》に描《えが》けないことを文《ぶん》に書《か》きます。書《か》きたいことを見《み》つけることは自分《じぶん》の生活《せいかつ》を大切《たいせつ》にすることで、トップニュースをテーマにします。

絵日記《えにっき》の裏面《うらめん》には親《おや》が書《か》くスペースがある。親《おや》は子《こ》どもの生活《せいかつ》を綴《つづ》る。

平成　年 2月 12日 木曜日（氏名）

お陰様で 今日も 充実した楽しい休み時間を過ごせたようでございます。

毎日休み時間も 楽しみに通学いたしております。寒さに負けず 外で走り回り かぜもひかずに元気一杯に遊び回っております。

勉強と遊びの めり張りをつけることは とても大切で思いきり体を動かして遊ぶこと 自然に学習意欲もわき学ぶことに 積極的になれると思います。

昨今では 帰宅してから 外遊びをする機会が少なくなっております。学校の休み時間に 体を使って遊ぶことは 有意義で大変重要なことです。体力づくりは 勿論のこと 人間関係を育成する上でも 貴重な時間であると考えています。

遊びを通して学ぶことも多く できる限り 多くの友人と遊ぶ機会をつくってあげたいと思っております。

子供同士、おたがいに、気持ちがわかり合えるので、友だち関係が強まります。お友だちを大切にできる力を育ててあげたいと思っています。友だちの和が広がっていくといいですね。

おちついた ていねいな文字が すてきです。心をこめて書いていることが よく伝わってきました。 ていねいに読んで 感想を書いています。絵のピンクが たのしいです。

京都女子大学附属小学校

担任《たんにん》の赤《あか》ペンは、親《おや》と子《こ》どもの気持《きも》ちを考《かんが》えて書《か》く

校長先生《こうちょうせんせい》の赤《あか》ペンは、教師《きょうし》が気付《きづ》かないことを書《か》いて、励《はげ》ます

絵日記《えにっき》を教室《きょうしつ》に掲示《けいじ》しています。掲示《けいじ》するのは、友達《ともだち》の日記《にっき》を読《よ》んで、日記《にっき》の書《か》き方《かた》や生活《せいかつ》を知《し》って、コミュニケーションを図《はか》るというねらいがあります。

計算力《けいさんりょく》アップタイム

京女式《きょうじょしき》ポイント

- 毎日同《まいにちおな》じことをくり返《かえ》します。
- 計算力《けいさんりょく》アップは毎日《まいにち》５分《ふん》の計算《けいさん》を続《つづ》け、学習《がくしゅう》のしつけをしています。
- ５分間《ふんかん》の集中力《しゅうちゅうりょく》が、計算力《けいさんりょく》だけでなく生活力《せいかつりょく》の育成《いくせい》になります。

プリントを渡《わた》します

毎日《まいにち》くり返《かえ》し、このような算数《さんすう》の計算問題《けいさんもんだい》に取《と》り組《く》む。

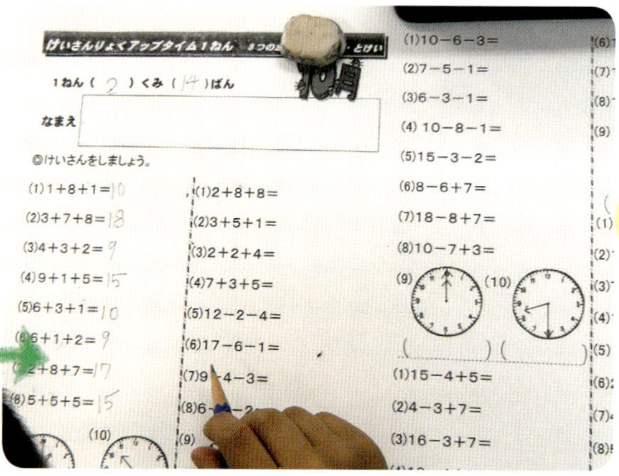

集中《しゅうちゅう》して計算《けいさん》します

朝《あさ》の時間《じかん》が計算力《けいさんりょく》アップタイム。毎日違《まいにちちが》う計算問題《けいさんもんだい》に取《と》り組《く》みます。

答《こた》え合《あ》わせ

計算力《けいさんりょく》アップタイムは、その場《ば》ですぐに答《こた》え合《あ》わせをします。自分《じぶん》で答《こた》え合《あ》わせをするので、そのときに、もう一度覚《いちどおぼ》えられます。

京女式《きょうじょしき》ポイント

敬語《けいご》に挑戦《ちょうせん》しよう

- 敬語《けいご》には丁寧語《ていねいご》、尊敬語《そんけいご》、謙譲語《けんじょうご》があることを知《し》り、使《つか》えることが大事《だいじ》です。
- 知識《ちしき》と行動《こうどう》が一体化《いったいか》したとき、正《ただ》しい言葉《ことば》の使《つか》い手《て》になって育《そだ》ちます。

丁寧語《ていねいご》

教室《きょうしつ》では丁寧語《ていねいご》で話《はな》します。主語《しゅご》、述語《じゅつご》をしっかり言《い》って、文末《ぶんまつ》を「です。」「ます。」で話《はな》すようにします。丁寧語《ていねいご》を使《つか》うと物《もの》の見方《みかた》や捉《とら》え方《かた》が丁寧《ていねい》になります。

言葉《ことば》は心《こころ》を表《あらわ》している。
丁寧《ていねい》な言葉《ことば》は
丁寧《ていねい》に考《かんが》えたり、
人《ひと》を尊敬《そんけい》する
心《こころ》を表《あらわ》している。

尊敬語《そんけいご》

○○先生《せんせい》、お客様《きゃくさま》が
お見《み》えになりました

このことについて、○○さんは
どのように思《おも》われますか

尊敬語《そんけいご》は相手《あいて》を敬《うやま》うときに言《い》う言葉《ことば》です。目上《めうえ》の人《ひと》に対《たい》して使《つか》います。

謙譲語《けんじょうご》

主人《しゅじん》が○○と
申《もう》しておりました
お待《ま》ち申《もう》しておりました

謙譲語《けんじょうご》は自分《じぶん》や身内《みうち》をへりくだって言《い》う言葉《ことば》です。目上《めうえ》の人《ひと》に対《たい》して使《つか》います。

子《こ》どもを励《はげ》ます

京女式《きょうじょしき》ポイント

- 子《こ》どもの学習意欲《がくしゅういよく》を喚起《かんき》する方法《ほうほう》として、赤《あか》ペン、賞状《しょうじょう》、シールなどがあります。
- 学習《がくしゅう》のしつけは子《こ》どもに「させる」のではなく、「しよう」という気《き》持《も》ちがなければ身《み》に付《つ》きません。

赤《あか》ペン術《じゅつ》

赤《あか》ペンは子《こ》どもの意欲《いよく》を高《たか》める上《うえ》で大事《だいじ》な指導《しどう》の場《ば》です。赤《あか》ペンは学習態度《がくしゅうたいど》についてほめる、学習内容《がくしゅうないよう》についてほめる、ノートの完成度《かんせいど》をほめるという３つの観点《かんてん》で書《か》くと効果《こうか》が上《あ》がります。

二さつめのノートのはじまりのきもちがよくつたわります。
よろしくおねがいします。

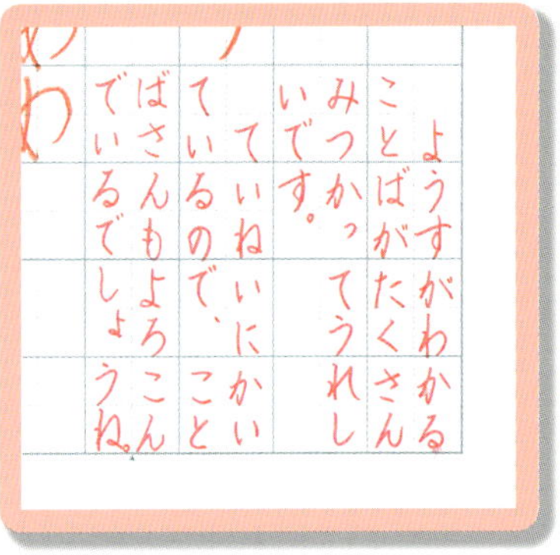
ようすがわかることばがたくさんみつかってうれしいです。
ていねいにかいているので、ことばさんもよろこんでいるでしょうね。

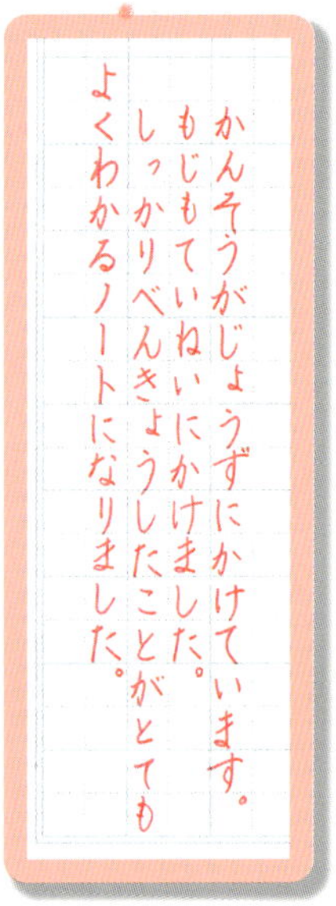
かんそうがじょうずにかけています。
もじもていねいにかけました。
しっかりべんきょうしたことがとてもよくわかるノートになりました。

シール、賞状《しょうじょう》

京都女子大学附属小学校《きょうとじょしだいがくふぞくしょうがっこう》のキャラクター「ふじのこちゃん」のシール。素直《すなお》に教《おし》えを聞《き》く、約束《やくそく》を守《まも》る、本当《ほんとう》のことを言《い》う、にこにこ仕事《しごと》をする、優《やさ》しい心《こころ》などが見《み》られた子《こ》どもに渡《わた》されます。先生《せんせい》がシールを子《こ》どものミニ手帳《てちょう》に貼《は》ります。

ふじのこちゃんシール

賞状《しょうじょう》は、敬語《けいご》や百人一首《ひゃくにんいっしゅ》など言語活動《げんごかつどう》でがんばった子《こ》どもに贈《おく》られます。これによって、子《こ》どもたちはさらに学習意欲《がくしゅういよく》を高《たか》めます。

よいことが進んで
できる子になりました。
あなたは、一学期の終わりに、
感謝の気持ちを、きちんと
お家の方に伝えることができ
ました。
学校の教えを守り、行動でき
たことは、とてもすばらしい
ことです。
平成二十三年　九月　一日
京都女子大学附属小学校
吉永　幸司

校長先生《こうちょうせんせい》の賞状《しょうじょう》

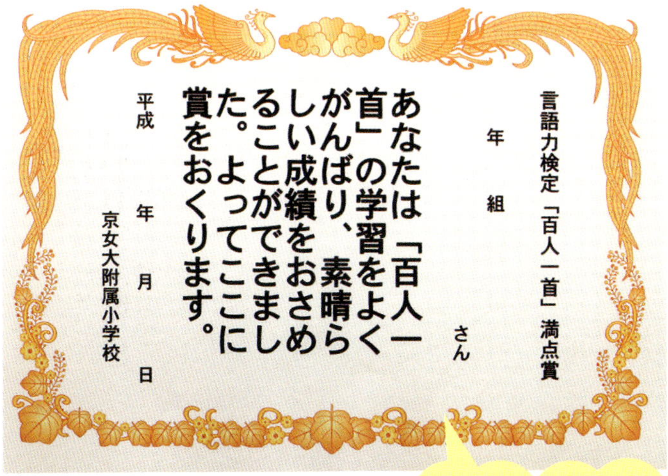

言語力検定「百人一首」満点賞
年　組
さん
あなたは「百人一首」の学習をよくがんばり、素晴らしい成績をおさめることができました。よってここに賞をおくります。
平成　年　月　日
京女大附属小学校

言語力検定《げんごりょくけんてい》の賞状《しょうじょう》

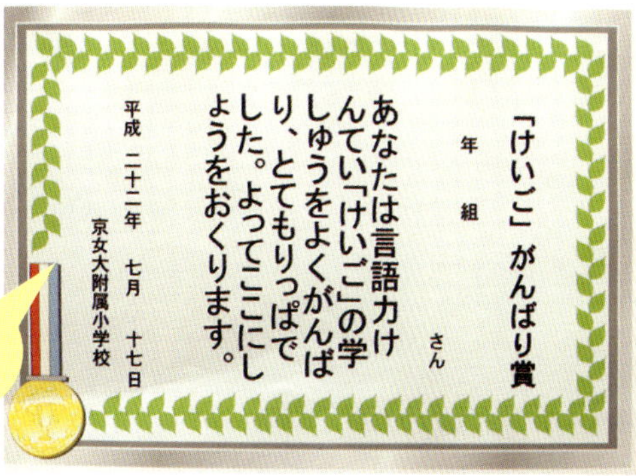

「けいご」がんばり賞
年　組
さん
あなたは言語力けんてい「けいご」の学しゅうをよくがんばり、とてもりっぱでした。よってここにしょうをおくります。
平成　二十二年　七月　十七日
京女大附属小学校

連絡《れんらく》ノート

京女式《きょうじょしき》ポイント

- 連絡《れんらく》ノートには、学校《がっこう》と家庭《かてい》の連絡《れんらく》、家庭《かてい》から学校《がっこう》への連絡《れんらく》という2つの役割《やくわり》があります。
- 子《こ》どもは連絡《れんらく》ノートによって、学校《がっこう》と家庭《かてい》をつなぐ責任《せきにん》を果《は》たす役割《やくわり》を担《にな》っています。

連絡《れんらく》ノート

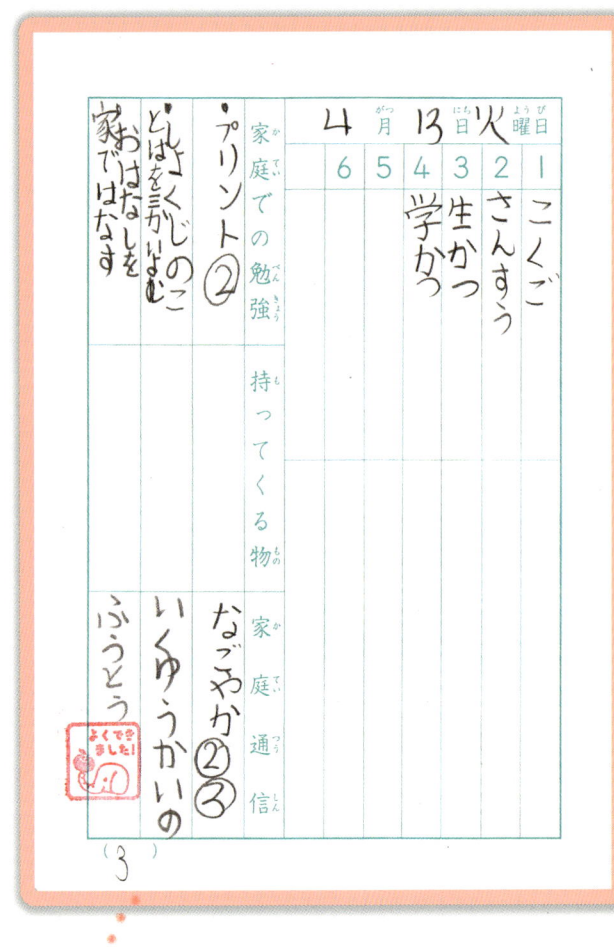

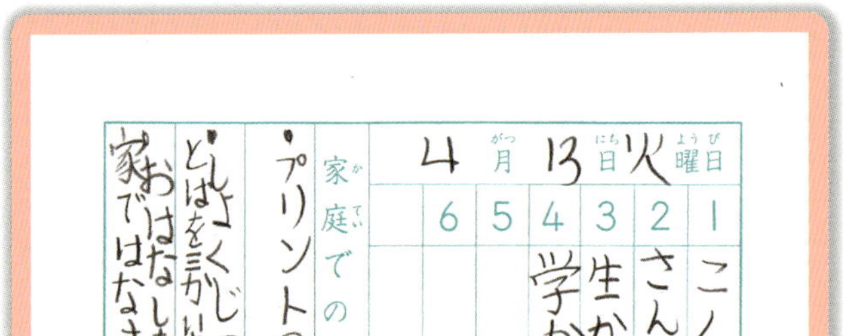

4月《がつ》 13日《にち》 火曜日《ようび》
1 こくご
2 さんすう
3 生かつ
4 学かつ
5
6

・プリント②

家庭《かてい》通信《つうしん》
なごやか②③
いくゆうかいの
ふうとう
よくできました!

6月《がつ》 26日《にち》 土曜日《ようび》
1 体いく
2 こくご
様
いつも お世話になっています。
明日、学校の入試説明会があり、
ていねいなノートを紹介します。そこで
突然ですが、結菜さんの1年生のときの
国語のノートを明日、持たせていただけ
ませんでしょうか。
よろしくお願いいたします。
田中
田中先生
いつもお世話になっております。
申し訳ございません。
ノートありがとうございます!!

連絡《れんらく》ノートには、学校生活《がっこうせいかつ》に必要《ひつよう》な時間割《じかんわり》、家庭《かてい》での勉強《べんきょう》、持《も》ってくる物《もの》、家庭通信《かていつうしん》などの内容《ないよう》を書《か》きます。連絡《れんらく》ノートが正《ただ》しく丁寧《ていねい》に書《か》かれていると、生活《せいかつ》がしっかりしている表《あらわ》れです。家庭《かてい》からの連絡《れんらく》に活用《かつよう》することは、コミュニケーションの場《ば》として有効《ゆうこう》です。

連絡《れんらく》ノートは家庭《かてい》と学校《がっこう》のコミュニケーション

連絡帳《れんらくちょう》を家《いえ》の人《ひと》に渡《わた》す

学校《がっこう》へ持《も》っていく

連絡《れんらく》ノートは子《こ》どもが運《はこ》ぶ役割《やくわり》。責任感育成《せきにんかんいくせい》の場《ば》として位置付《いちづ》けている。

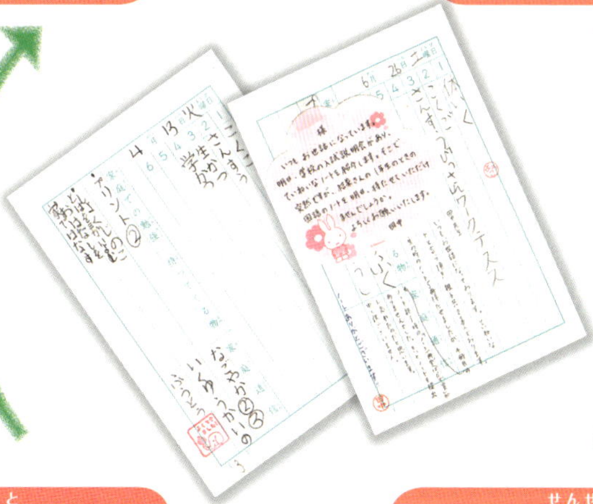

先生《せんせい》に渡《わた》す

先生《せんせい》から受《う》け取《と》る

家庭学習《かていがくしゅう》を習慣《しゅうかん》づけよう

京女式《きょうじょしき》ポイント

- 学習《がくしゅう》のしつけの大《おお》きなポイントは家庭学習《かていがくしゅう》の習慣《しゅうかん》です。
- 学校《がっこう》で身《み》に付《つ》けた学習事項《がくしゅうじこう》を定着《ていちゃく》させる場《ば》として、家庭《かてい》学習《がくしゅう》が重要《じゅうよう》です。
- 時間《じかん》を決《き》めて、自分《じぶん》からするようにしつけます。

1人で学習《がくしゅう》

最初《さいしょ》は親子《おやこ》で、少《すこ》しずつ1人でできるようにすると、子《こ》どもの学力《がくりょく》が伸《の》び、勉強《べんきょう》が好《す》きになります。わかること、わからないこと、できないことを区別《くべつ》することも学習《がくしゅう》と捉《とら》え、1人でするという習慣《しゅうかん》をつけましょう。

低学年《ていがくねん》は保護者《ほごしゃ》が見届《みとど》ける

親《おや》は、宿題《しゅくだい》プリント、ノートを見《み》ながら、子《こ》どもの様子《ようす》を理解《りかい》します。わからないところ、できないところを教《おし》えたり、学校《がっこう》で聞《き》くように指示《しじ》をします。

子《こ》どもの様子《ようす》を理解《りかい》

家庭～学校 基本生活のしつけ
学校 学習のしつけ
3 学習編
幼稚園～小学校 元気に進級
衛生と安全

教師《きょうし》による見届《みとど》け

教師《きょうし》は、宿題《しゅくだい》プリントを確《たし》かめながら、学習内容《がくしゅうないよう》の定着状況《ていちゃくじょうきょう》を把握《はあく》し、次《つぎ》の授業《じゅぎょう》に生《い》かします。

定着状況《ていちゃくじょうきょう》を理解《りかい》

家庭《かてい》での読書《どくしょ》

家庭《かてい》の読書《どくしょ》で効果《こうか》があるのは、読《よ》み聞《き》かせです。読書意欲《どくしょいよく》を持続《じぞく》させるために、本《ほん》に親《した》しませる時間《じかん》を持《も》つことが、家庭《かてい》における学習《がくしゅう》ポイントです。

4 生活編《せいかつへん》

学校《がっこう》の約束事《やくそくごと》

京女式《きょうじょしき》ポイント

- 約束事《やくそくごと》を守《まも》ることが社会《しゃかい》の第一歩《だいいっぽ》です。
- 学校《がっこう》は望《のぞ》ましい集団生活《しゅうだんせいかつ》をするために約束事《やくそくごと》が多《おお》いところ。
- 約束事《やくそくごと》の意味《いみ》を考《かんが》え、守《まも》ることが集団《しゅうだん》の一員《いちいん》として大事《だいじ》。

チャイムの合図《あいず》で教室《きょうしつ》へ

授業《じゅぎょう》の始《はじ》まり終《お》わりのけじめは、学校《がっこう》の秩序《ちつじょ》の維持《いじ》を図《はか》るために必要《ひつよう》な約束事《やくそくごと》です。

休《やす》み時間《じかん》にトイレに行《い》きましょう

休《やす》み時間《じかん》にトイレに行《い》って、気《き》持《も》ち良《よ》く授業《じゅぎょう》に臨《のぞ》みましょう。

トイレは大丈夫《だいじょうぶ》？

学校《がっこう》の約束《やくそく》

守《まも》ろうね！

- 名前《なまえ》を呼《よ》ばれたら「はい。」と返事《へんじ》をする。
- 友達《ともだち》は「○○さん」と呼《よ》ぶ。
- あいさつをする。

  「おはようございます。」

  「こんにちは。」

  「さようなら。」
- 感謝《かんしゃ》の気持《きも》ちを言葉《ことば》に出《だ》す。

  「ありがとうございます。」
- 丁寧《ていねい》な言葉《ことば》で話《はな》す。

授業前《じゅぎょうまえ》に学習準備《がくしゅうじゅんび》をしましょう

授業《じゅぎょう》の前《まえ》に、教科書《きょうかしょ》、ノート、筆箱《ふでばこ》を机《つくえ》の上《うえ》に準備《じゅんび》しておきます。

学習《がくしゅう》の準備《じゅんび》は大丈夫《だいじょうぶ》？

日直《にっちょく》の仕事《しごと》

京女式《きょうじょしき》ポイント

- 日直《にっちょく》の仕事《しごと》は責任《せきにん》を果《は》たす大切《たいせつ》な役割《やくわり》を持《も》っています。
- 日直《にっちょく》になった人《ひと》に、自分《じぶん》の行動《こうどう》がクラスの人《ひと》たちに深《ふか》く関《かか》わることを気付《きづ》かせます。

日直《にっちょく》の仕事《しごと》

これから朝《あさ》の会《かい》を始《はじ》めます

おわりのかい
あさのかい

朝《あさ》の会《かい》

- 計算力《けいさんりょく》と宿題《しゅくだい》の答《こた》え合《あ》わせ
- 健康調《けんこうしら》べ
- 今日《きょう》の目標《もくひょう》を言《い》う
- お話《はなし》（ミニスピーチ）

いただきます

昼食《ちゅうしょく》の時間《じかん》

終《お》わりの会《かい》

- 今日《きょう》の目標《もくひょう》の反省《はんせい》
- お話《はなし》（ミニスピーチ）
- 先生《せんせい》からのお話《はなし》
- 帰《かえ》りの用意《ようい》
- 帰《かえ》りのあいさつ

仕事《しごと》が終《お》わるごとに仕事《しごと》が書《か》かれた紙《かみ》を裏側《うらがわ》に向《む》けると、1日《にち》の仕事《しごと》が完了《かんりょう》となる。

教室環境《きょうしつかんきょう》を整《ととの》える

京女式《きょうじょしき》ポイント

- 教室環境《きょうしつかんきょう》は落《お》ち着《つ》いて学習《がくしゅう》することにつながる基本的《きほんてき》な条件《じょうけん》です。
- 整《ととの》った教室《きょうしつ》に足《あし》を踏《ふ》み入《い》れると、子《こ》どもの学習《がくしゅう》の意欲《いよく》が高《たか》まります。

教室環境《きょうしつかんきょう》

掲示板《けいじばん》、ロッカー、机《つくえ》やいすの整理整頓《せいりせいとん》など、教室環境《きょうしつかんきょう》が整《ととの》っていると、子《こ》どもが学習《がくしゅう》する意欲《いよく》がわき、学習力《がくしゅうりょく》が身《み》に付《つ》きます。教室環境《きょうしつかんきょう》はそのまま学習環境《がくしゅうかんきょう》です。整理整頓《せいりせいとん》が上手《じょうず》にできない子《こ》もいます。その都度《つど》、丁寧《ていねい》に指導《しどう》をしましょう。

ロッカーにはランドセルを入《い》れる。ランドセルの上《うえ》が前《まえ》に、背中側《せなかがわ》が下《した》になるよう指導《しどう》する。

机《つくえ》、いすをいつもまっすぐに整《ととの》えておく。

後《うし》ろの掲示板《けいじばん》には、子《こ》どもが近《ちか》くで見《み》られるように、学習《がくしゅう》したことや作品《さくひん》を掲示《けいじ》。

黒板《こくばん》の上《うえ》には、返事《へんじ》やあいさつなど、生活《せいかつ》で使《つか》う言葉《ことば》を掲示《けいじ》。

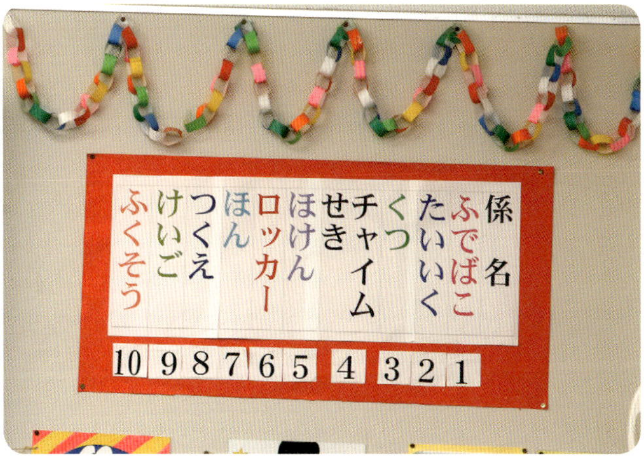

前方《ぜんぽう》には、わかりやすく係《かか》り活動《かつどう》を掲示《けいじ》して、活動意欲《かつどういよく》を高《たか》める。

廊下

横《よこ》の掲示板《けいじばん》には、学習《がくしゅう》したことや作品《さくひん》を掲示《けいじ》。

廊下《ろうか》の窓際《まどぎわ》のフックには袋物《ふくろもの》をかける。

掲示《けいじ》の種類《しゅるい》

京女式《きょうじょしき》ポイント

- 掲示《けいじ》は学習環境《がくしゅうかんきょう》の１つの要素《ようそ》です。
- 長期的《ちょうきてき》、中期的《ちゅうきてき》に掲示《けいじ》するものに「目標《もくひょう》」があります。
- 掲示板《けいじばん》には学級経営《がっきゅうけいえい》の方針《ほうしん》が具体的《ぐたいてき》に表《あらわ》れています。

教室《きょうしつ》

子《こ》どもの作品《さくひん》は短期的《たんきてき》に掲示《けいじ》します。子《こ》どもの日記《にっき》や作文《さくぶん》など作品《さくひん》を掲示《けいじ》するのは、友達《ともだち》の作品《さくひん》を見《み》て、文《ぶん》の書《か》き方《かた》や生活《せいかつ》を知《し》り、コミュニケーションを図《はか》るというねらいがあります。

セミを調《しら》べた観察記録《かんさつきろく》。

掲示《けいじ》の役割《やくわり》

これは私《わたし》が書《か》いたのよ

絵日記《えにっき》もがんばったよ

休《やす》み時間《じかん》

京女式《きょうじょしき》ポイント

- 休《やす》み時間《じかん》は授業《じゅぎょう》と授業《じゅぎょう》の間《あいだ》をつなぐ快《こころよ》い時間《じかん》です。
- 人間関係《にんげんかんけい》を深《ふか》め、仲間《なかま》づくりをする時間《じかん》です。
- 人《ひと》や時間《じかん》を大切《たいせつ》にする心《こころ》を養《やしな》います。

トイレに行《い》きましょう

休《やす》み時間《じかん》に、トイレを済《す》ませる。次《つぎ》の授業《じゅぎょう》が安心《あんしん》して学習《がくしゅう》できる。

仲良《なかよ》く遊《あそ》びましょう

友達《ともだち》とお話《はなし》をしてコミュニケーションを図《はか》る。

上級生《じょうきゅうせい》と遊《あそ》ぶ。

体《からだ》を動《うご》かす。

本《ほん》を読《よ》む。

時刻《じこく》を守《まも》りましょう

休《やす》み時間《じかん》をきちんと守《まも》ることが大切《たいせつ》。

休《やす》み時間《じかん》が終《お》わり、
時刻《じこく》が来《き》たら、
気持《きも》ちを切《き》り替《か》える

自然《しぜん》と触《ふ》れ合《あ》って遊《あそ》ぶ

京女式《きょうじょしき》ポイント

- 自然《しぜん》との触《ふ》れ合《あ》いは子《こ》どもの心《こころ》を育《そだ》てます。
- 体験《たいけん》を通《とお》して学《まな》ぶことが大切《たいせつ》です。
- 生《い》き物《もの》を通《とお》して、命《いのち》の大切《たいせつ》さを学《まな》びます。

植物《しょくぶつ》の世話《せわ》をしましょう

植物《しょくぶつ》を育《そだ》てることを通《とお》して学《まな》んだことは、これからの生《い》きていく力《ちから》につながっていきます。

おいもさん、出《で》てくるかな

自然《しぜん》の中《なか》で友達《ともだち》と遊《あそ》びましょう

小動物《しょうどうぶつ》を見《み》つけましょう

廊下《ろうか》での歩《ある》き方《かた》

京女式《きょうじょしき》ポイント

- 廊下《ろうか》には潜在的《せんざいてき》な危険《きけん》がたくさんあります。
- 廊下《ろうか》では外来者《がいらいしゃ》に出会《であ》います。
- 安全《あんぜん》に気《き》を付《つ》けるとともに、人《ひと》との関《かか》わりを学《まな》ぶ場《ば》です。

廊下《ろうか》の右側《みぎがわ》を歩《ある》きましょう

廊下《ろうか》で走《はし》ると、ぶつかってけがをする危険性《きけんせい》があります。廊下《ろうか》では右側《みぎがわ》を歩《ある》きます。

廊下《ろうか》でおとなの人《ひと》と出会《であ》ったら会釈《えしゃく》をしましょう

廊下《ろうか》で先生《せんせい》やおとなの人《ひと》と出会《であ》ったら、立《た》ち止《と》まって、会釈《えしゃく》をします。

お客様《きゃくさま》と出会《であ》ったらあいさつしましょう

廊下《ろうか》では外《そと》からのお客様《きゃくさま》ともよく出会《であ》います。お客様《きゃくさま》と出会《であ》ったら、立《た》ち止《ど》まって、あいさつをします。

階段《かいだん》での歩《ある》き方《かた》

廊下《ろうか》と同《おな》じように、角《かど》に当《あ》たってけがをする、転《ころ》んで骨折《こっせつ》をするなど階段《かいだん》にも潜在的《せんざいてき》な危険《きけん》が多《おお》くあります。階段《かいだん》で遊《あそ》ばないようにしましょう。

職員室《しょくいんしつ》に入《はい》る

京女式《きょうじょしき》ポイント

- 職員室《しょくいんしつ》は言葉《ことば》のしつけをする効果的《こうかてき》な場所《ばしょ》です。
- 改《あらた》まった場《ば》で、改《あらた》まった言葉《ことば》を使《つか》うしつけをします。
- 緊張《きんちょう》する場面《ばめん》で実際使《じっさいつか》う体験《たいけん》をすることが大切《たいせつ》です。

職員室《しょくいんしつ》に入《はい》りましょう

職員室《しょくいんしつ》の入《い》り口《くち》で、自分《じぶん》のクラスと名前《なまえ》、たずねる先生《せんせい》の名前《なまえ》、用件《ようけん》などを伝《つた》えます。

先生《せんせい》に用件《ようけん》を言《い》いましょう

先生《せんせい》に用件《ようけん》がわかるように、単語《たんご》ではなく、文《ぶん》で話《はな》します。丁寧語《ていねいご》や尊敬語《そんけいご》を正《ただ》しく使《つか》う良《よ》い機会《きかい》です。

プリントを
いただきにきました

ありがとうございました

用件《ようけん》が済《す》んだら、お礼《れい》を言《い》ってから、教室《きょうしつ》に戻《もど》ります。

職員室《しょくいんしつ》は先生方《せんせいがた》が子《こ》どものことと授業《じゅぎょう》のことを考《かんが》えている部屋《へや》です。はっきりした声《こえ》で自分《じぶん》の名前《なまえ》と、先生《せんせい》の名前《なまえ》、用件《ようけん》を伝《つた》えましょう。

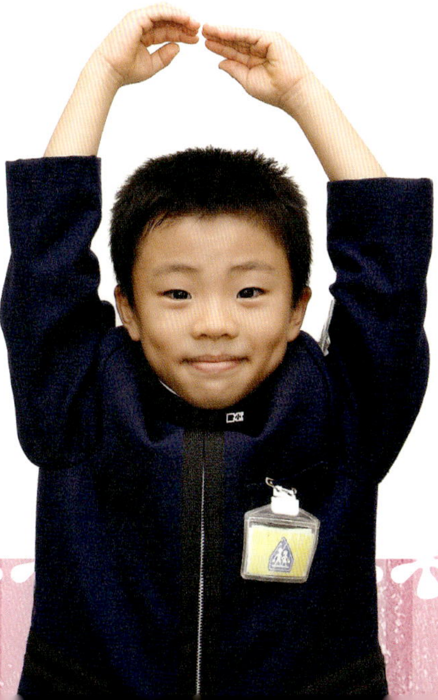

保健室《ほけんしつ》に行《い》く

京女式《きょうじょしき》ポイント

- 保健室《ほけんしつ》はみんなが元気《げんき》に学校《がっこう》生活《せいかつ》を送《おく》れる手助《てだす》けをする中心的《ちゅうしんてき》な場所《ばしょ》です。
- 心《こころ》と体《からだ》の健康《けんこう》を自分《じぶん》で考《かんが》えるようになることは、自立《じりつ》をするうえで大事《だいじ》なことです。

保健室《ほけんしつ》ではこんなことをします

- 健康診断《けんこうしんだん》をする。
- けがをした時《とき》、簡単《かんたん》な手当《てあ》てをする。
- 体《からだ》の調子《ちょうし》が悪《わる》い時《とき》、ベッドやソファで休《やす》むことができる。
- 心《こころ》や体《からだ》について知《し》りたいことがある時《とき》、勉強《べんきょう》することができる。
- 悩《なや》み事《こと》があったり、落《お》ち込《こ》んだりした時《とき》、話《はなし》を聞《き》いたり、相談《そうだん》に乗《の》ったりする。

保健室《ほけんしつ》はみなさんが元気《げんき》に安全《あんぜん》に学校生活《がっこうせいかつ》を送《おく》れるようにお手伝《てつだ》いします。みなさんの心《こころ》と体《からだ》にパワーをあげられるように、毎日《まいにち》がんばっています。

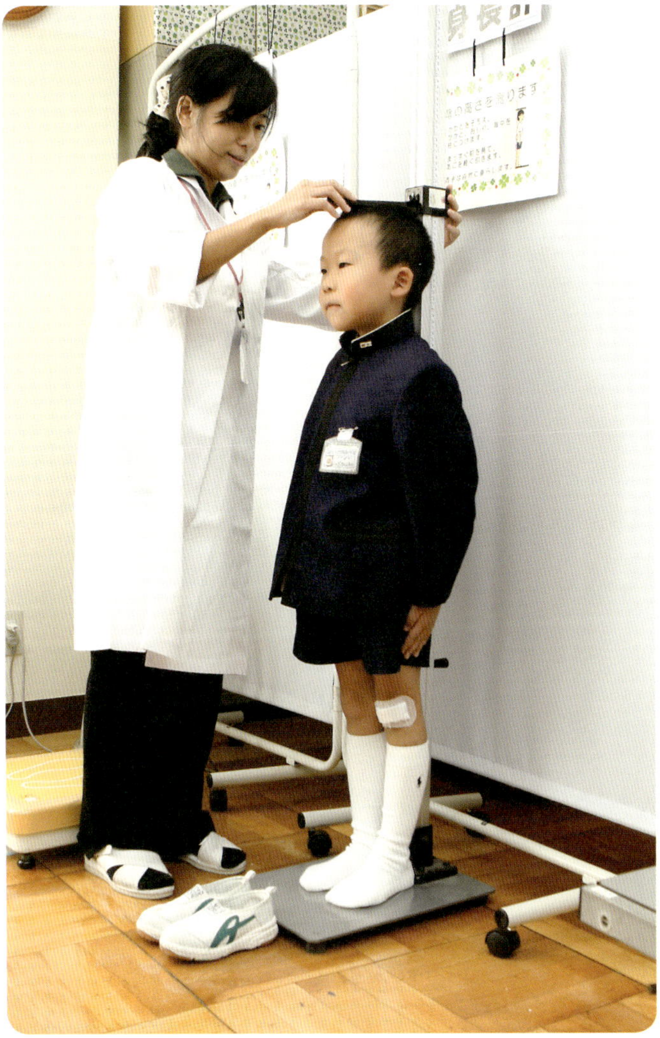

痛《いた》かったですね
もう大丈夫《だいじょうぶ》ですよ

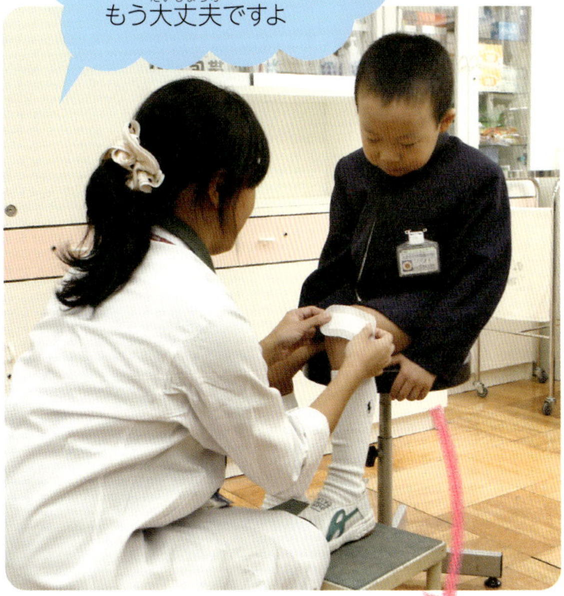

けがの時《とき》

- いつ
- どこで
- 何《なに》をして
- どうなって
- どんなけがをしました。

お話《はなし》、聞《き》きますよ

病気《びょうき》の時《とき》

- いつから
- 体《からだ》のどこが
- どんなふうに具合《ぐあい》が
  わるいです。

図書室《としょしつ》 利用《りよう》の仕方《しかた》

京女式《きょうじょしき》ポイント

- 図書室《としょしつ》は公共《こうきょう》の施設《しせつ》の上手《じょうず》な使《つか》い方《かた》をしつける場《ば》として最適《さいてき》です。
- 図書室《としょしつ》のマナー、使《つか》い方《かた》、生《い》かし方《かた》など、教室《きょうしつ》で勉強《べんきょう》できない公共《こうきょう》の施設《しせつ》の使《つか》い方《かた》を勉強《べんきょう》します。

声《こえ》を出《だ》さないで読《よ》みましょう

図書室《としょしつ》は本《ほん》を読《よ》むところです。声《こえ》を出《だ》さないで静《しず》かに読《よ》みましょう。日頃《ひごろ》から本《ほん》に親《した》しんでいると、考《かんが》える力《ちから》が付《つ》きます。

知《し》らないことを調《しら》べましょう

知《し》らないことは、図書室《としょしつ》で調《しら》べるようにします。図書室《としょしつ》で調《しら》べた知識《ちしき》を活用《かつよう》するようにしましょう。

利用《りよう》の仕方《しかた》を学《まな》びましょう

元《もと》の場所《ばしょ》に戻《もど》す

本《ほん》を借《か》りる

本《ほん》を借《か》りる、司書《ししょ》の先生《せんせい》にたずねる、パソコン検索《けんさく》をするなど、公共《こうきょう》の施設《しせつ》の利用《りよう》の仕方《しかた》を学《まな》ぶ場所《ばしょ》として、効果《こうか》があります。

司書《ししょ》の先生《せんせい》にたずねる

パソコン検索《けんさく》

和室《わしつ》のルール

京女式《きょうじょしき》ポイント

- 和室《わしつ》のマナーは日本人《にほんじん》としての基本《きほん》のマナーに通《つう》じます。
- 正座《せいざ》をする機会《きかい》が少《すく》なくなっている現代《げんだい》だからこそ、和室《わしつ》のマナーを覚《おぼ》えておきましょう。

正座《せいざ》とおじぎ

座《すわ》り方《かた》

背筋《せすじ》をまっすぐに伸《の》ばし、少《すこ》しあごを引《ひ》きます。そして両手《りょうて》をひざの上《うえ》に置《お》き、指先《ゆびさき》をそろえます。

おじぎの仕方《しかた》

両手《りょうて》の指先《ゆびさき》をそろえて、三角《さんかく》の形《かたち》を作《つく》ります。その手《て》のひらを畳《たたみ》に付《つ》けて、おじぎをします。

和室《わしつ》の上《あ》がり方《かた》

靴《くつ》は前向《まえむ》きのまま脱《ぬ》ぎ、まず上《あ》がります。

そのあと、後《うし》ろを向《む》いて靴《くつ》の向《む》きを変《か》え、そろえておきます。
敷居《しきい》や畳《たたみ》の縁《ふち》は踏《ふ》まないように入《はい》ります。

来客《らいきゃく》へのマナー

京女式《きょうじょしき》ポイント

- 学校《がっこう》へは、保護者《ほごしゃ》や外来者《がいらいしゃ》など、学校《がっこう》にとって大切《たいせつ》なお客様《きゃくさま》がこられます。
- 気《き》持《も》ち良《よ》くお迎《むか》えするために言葉《ことば》と形《かたち》で表《あらわ》すことが大事《だいじ》です。

あいさつをしましょう

こんにちは
こんにちは

お客様《きゃくさま》に出《で》会《あ》ったら、まず立《た》ち止《ど》まって、あいさつをして、頭《あたま》を下《さ》げることが、気《き》持《も》ち良《よ》く迎《むか》える要素《ようそ》です。

こんなことをたずねられたら

職員室《しょくいんしつ》はどこですか？
こちらの廊下《ろうか》の突《つ》き当《あ》たりです

場所《ばしょ》をたずねられたら、質問《しつもん》の意図《いと》を理解《りかい》し、行《い》き先《さき》を言葉《ことば》で丁寧《ていねい》に答《こた》えます。

〇〇先生《せんせい》は
いらっしゃいますか?
はい。いらっしゃいます

〇〇先生《せんせい》、お客様《きゃくさま》が〇〇と
お聞《き》きになっています

お客様《きゃくさま》は
学校《がっこう》にとって
大切《たいせつ》な人《ひと》ばかり。
気持《きも》ち良《よ》く
お迎《むか》えできるためには、
丁寧《ていねい》な受《う》け答《こた》えが大事《だいじ》。

こんな言《い》い方《かた》をしていませんか？

〇〇先生《せんせい》、いますか?
うん。いるよ

仲間《なかま》と楽《たの》しくルールをつくる

京女式《きょうじょしき》ポイント

- 集団《しゅうだん》のルールづくりは大事《だいじ》な学習《がくしゅう》です。
- 遊《あそ》びを通《とお》して、ルールが生《う》まれます。
- トラブルを上手《じょうず》に解決《かいけつ》すると新《あたら》しいルールが生《う》まれます。

遊《あそ》ぶときはルールを守《まも》りましょう

最初《さいしょ》は自分勝手《じぶんかって》なことをしてトラブルを起《お》こすこともあります。そのトラブルを上手《じょうず》に解決《かいけつ》すると新《あたら》しいルールが生《う》まれ、仲良《なかよ》く遊《あそ》ぶことができます。

- 意地悪《いじわる》をしない。
- けんかになるような争《あらそ》い事《ごと》はしない。
- けがをしたときは、保健室《ほけんしつ》に行《い》く。先生《せんせい》に伝《つた》える。
- 危険《きけん》なところで遊《あそ》ばない。
- 危険《きけん》なところで遊《あそ》んでいる子《こ》がいたら注意《ちゅうい》をする。
- 1人でいる子《こ》を誘《さそ》う。
- 仲間《なかま》はずれにしない。
- チャイムが鳴《な》ったら、体《からだ》を校舎《こうしゃ》に向《む》け、教室《きょうしつ》に帰《かえ》る。
- 借《か》りた遊《あそ》び道具《どうぐ》などは責任《せきにん》を持《も》って返《かえ》す。

1人で遊《あそ》んでいる子《こ》を誘《さそ》いましょう

仲間《なかま》と遊《あそ》ぶと楽《たの》しい

勇気《ゆうき》を出《だ》して「入《い》れて」と言《い》いましょう

雨《あめ》の日《ひ》の注意《ちゅうい》

京女式《きょうじょしき》ポイント

- 雨《あめ》の日《ひ》は子《こ》どもの自立《じりつ》の状態《じょうたい》を試《ため》されることが多《おお》い。
- 登下校《とうげこう》、狭《せま》い場所《ばしょ》での遊《あそ》びなど気《き》がゆるむとけがにつながります。
- 安全面《あんぜんめん》に気《き》を付《つ》ける子《こ》どもを育《そだ》てます。

交通《こうつう》に注意《ちゅうい》

雨《あめ》の日《ひ》は傘《かさ》で前《まえ》が見《み》えにくいことを自覚《じかく》して歩《ある》きます。持《も》ち物《もの》が多《おお》くなるので、両手《りょうて》をあけるように心《こころ》がけましょう。

傘《かさ》など自分《じぶん》の持《も》ち物《もの》を間違《まちが》わないようにする。

雨《あめ》の日《ひ》の過《す》ごし方《かた》

「仲良《なかよ》く」「助《たす》け合《あ》う」「誘《さそ》い合《あ》う」「力《ちから》を合《あ》わせる」をキーワードに、雨《あめ》の日《ひ》を楽《たの》しく過《す》ごしましょう。

こんなことをしていませんか？

友達《ともだち》に足《あし》をかける。

↓

友達《ともだち》がつまずいて危険《きけん》。

掃除《そうじ》ロッカーで遊《あそ》ぶ。

↓

はさまれたり、閉《と》じ込《こ》められたりして危険《きけん》。

学校《がっこう》を休《やす》んだとき

京女式《きょうじょしき》ポイント

- 学校《がっこう》を休《やす》む場合《ばあい》には長期《ちょうき》と短期《たんき》があります。
- 短期《たんき》の場合《ばあい》、連絡《れんらく》ノートを通《とお》して子《こ》どもが学校《がっこう》の生活《せいかつ》に支障《ししょう》をきたさないように配慮《はいりょ》が必要《ひつよう》です。

休《やす》んだとき

連絡《れんらく》ノートをお願《ねが》いできるつながりが大事《だいじ》
お願《ねが》いします
はい。わかりました
れんらくノート
Aさんのお母《かあ》さんから頼《たの》まれた連絡《れんらく》ノートです
はい。ありがとう
先生《せんせい》からあずかってきました
れんらくノート
ありがとう。助《たす》かるわ

休《やす》んだ後《あと》

ここまでやったよ

学校《がっこう》を休《やす》むと翌日不安《よくじつふあん》な気持《きも》ちになります。しかし、健康《けんこう》でいることの幸《しあわ》せや友達《ともだち》や先生《せんせい》の温《あたた》かさを勉強《べんきょう》する機会《きかい》です。

昨日《きのう》は、ありがとう
治《なお》ってよかったね

自分《じぶん》の健康状態《けんこうじょうたい》を考《かんが》えて無理《むり》をしないように自分《じぶん》の体《からだ》は自分《じぶん》で守《まも》りましょう。

5 学校行事編《がっこうぎょうじへん》

入学式《にゅうがくしき》

京女式《きょうじょしき》ポイント

- 小学校《しょうがっこう》の始《はじ》まりだけでなく、生涯学習《しょうがいがくしゅう》の一歩《いっぽ》を踏《ふ》み出《だ》します。
- 上級生《じょうきゅうせい》も先生《せんせい》もみんな1年生《ねんせい》を歓迎《かんげい》し、待《ま》っている日《ひ》です。

生涯学習《しょうがいがくしゅう》の一歩《いっぽ》を踏《ふ》み出《だ》しましょう

受付《うけつけ》で名前《なまえ》を伝《つた》えましょう。「ありがとう」と言《い》いましょう。

自分《じぶん》の場所《ばしょ》、ロッカーを覚《おぼ》えます。

6年生《ねんせい》に迎《むか》えられ入学式《にゅうがくしき》に入場《にゅうじょう》をします。今日《きょう》からお兄《にい》さんお姉《ねえ》さんの仲間入《なかまい》りの大切《たいせつ》な日《ひ》です。

名前《なまえ》を呼《よ》ばれたら、「はい」と返事《へんじ》をします。校長先生《こうちょうせんせい》の話《はなし》、大切《たいせつ》なお客様《きゃくさま》の話《はなし》があります。しっかり聞《き》きましょう。

運動会《うんどうかい》

京女式《きょうじょしき》ポイント

- 運動会《うんどうかい》が終《お》わると、子《こ》どもが1回《まわ》り大《おお》きくなります。
- 約束《やくそく》を守《まも》ると体験《たいけん》が豊《ゆた》かになることを自覚《じかく》させます。
- 係活動《かかりかつどう》・演技《えんぎ》など自分《じぶん》の役割《やくわり》を自覚《じかく》させることが大切《たいせつ》です。

1年生《いちねんせい》はこんな競技《きょうぎ》を行《おこな》います

徒競争《ときょうそう》

ダンス

玉入《たまい》れ

家庭～学校
基本生活のしつけ
学校
学習のしつけ
5 学校行事編
幼稚園～小学校
元気に進級
衛生と安全

こんな競技《きょうぎ》・演技《えんぎ》があります

組体操《くみたいそう》

つなひき

騎馬戦《きばせん》

障害物競走《しょうがいぶつきょうそう》

野外活動《やがいかつどう》・遠足《えんそく》

京女式《きょうじょしき》ポイント

- 子《こ》どもにとって楽《たの》しい体験《たいけん》の場《ば》です。
- 楽《たの》しい体験活動《たいけんかつどう》は約束《やくそく》を守《まも》ることが大事《だいじ》です。
- 社会《しゃかい》との接点《せってん》の場《ば》として位置《いち》付《づ》けます。

事前《じぜん》にねらいを伝《つた》えます

野外活動《やがいかつどう》のねらいを伝《つた》えることに加《くわ》え、集合時間《しゅうごうじかん》、持《も》ち物《もの》など、約束《やくそく》を守《まも》るように指導《しどう》します。

約束《やくそく》を
守《まも》るように指導《しどう》

公共《こうきょう》マナーを守《まも》りましょう

列《れつ》を離《はな》れない、自分勝手《じぶんかって》な行動《こうどう》をとらないなど、集団《しゅうだん》としての基本的《きほんてき》な生活《せいかつ》のしつけを教《おし》えます。社会《しゃかい》との接点《せってん》の場《ば》として、公共《こうきょう》マナーなども知《し》る良《よ》い機会《きかい》です。

集団行動《しゅうだんこうどう》の
大切《たいせつ》さを
勉強《べんきょう》する機会《きかい》

目的地《もくてきち》についたら

田植《たう》え体験《たいけん》、稲刈《いねか》り体験《たいけん》など、そのときの体験《たいけん》に集中《しゅうちゅう》します。

目的地《もくてきち》についたら

ゴミを持《も》ち帰《かえ》る

危険箇所《きけんかしょ》に近《ちか》づかない

プール を楽《たの》しく

京女式《きょうじょしき》ポイント

- 顔《かお》を洗《あら》う、シャワーを浴《あ》びる、体《からだ》をふくといった基本生活《きほんせいかつ》が生《い》かされるのが水泳学習《すいえいがくしゅう》です。
- 1人でできたらほめてあげましょう。

シャワーを浴《あ》びる

シャワーを浴《あ》びることは、水《みず》への抵抗《ていこう》をなくす第一歩《だいいっぽ》。家《いえ》でも目《め》を開《あ》けて、シャワーを浴《あ》びたり、顔《かお》を洗《あら》ったりする練習《れんしゅう》をしてみましょう。

目《め》を開《あ》けて、頭《あたま》、おなか、背中《せなか》をこすって、汗《あせ》や汚《よご》れを落《お》とそう

並《なら》ぶ / となりの子《こ》を確認《かくにん》する

1人で泳《およ》ぐより2人で泳《およ》ぐ方《かた》が目標《もくひょう》ができ、上達《じょうたつ》が早《はや》い

先生《せんせい》の話《はなし》を聞《き》く

先生《せんせい》の声《こえ》や
笛《ふえ》の合図《あいず》に
耳《みみ》を傾《かたむ》けよう

体《からだ》を浮《う》かすためには、力《ちから》を抜《ぬ》いて、プールの底《そこ》を見《み》るようにします。体《からだ》を浮《う》かすことができると、いろいろな泳《およ》ぎが覚《おぼ》えられます。

忘《わす》れずに水着《みずぎ》を持《も》って帰《かえ》る

水着《みずぎ》を
忘《わす》れない
ように

できたかな？

Column ❷
勉強好き、友だち大好きの子に育てる

小学校も３、４年生くらいになると勉強が急に難しくなります。漢字も計算も複雑になってきます。

難しさを乗り越えられなくて、勉強では好きな教科や嫌いな教科が出てきます。

将来の可能性を秘めた子ども達です。簡単に嫌いと言われても困るので、楽しい授業をするようにしています。それでも、だんだん、好き嫌いがはっきりしてくる子がいます。好き嫌いは、勉強だけではありません。友だちの好き嫌いも出てくるのです。

勉強の好き嫌い、友だちの好き嫌いの子に共通していることがあります。辛抱できないことです。粘り強く考えたり、友だちと仲良くする方法を見つけるのが苦手です。

もう一つ、食べ物の好き嫌いがあることです。幼稚園や小学校低学年の頃に食べ物の好き嫌いをしてきた子に共通しているのです。

「小さい頃はいい子だったのに」と思える子は、行動の範囲が狭く、学習内容が易しかったので目立たなかっただけなのです。

食事のたびに、好きなものだけを食べていたら、嫌いなものにもつきあう力が育たないのは当然です。勉強大好き、友だち大好きの子を育てる智恵は、偏食をさせないことです。

第3章
幼稚園〜小学校 元気に進級

京都幼稚園

年長組《ねんちょうぐみ》の生活《せいかつ》1日《にち》を追《お》って

京女式《きょうじょしき》ポイント

- 「できること」は自分《じぶん》でさせることを続《つづ》けます。
- できることが増《ふ》えると仲間《なかま》が増《ふ》える。「増《ふ》える」をキーワードにします。

登園《とうえん》

「おはようございます」。元気《げんき》なあいさつで1日《にち》が始《はじ》まります。

おはようございます
京都

お話《はなし》カードは
シールいっぱいです

朝《あさ》、登園《とうえん》すると、出席《しゅっせき》カードに自分《じぶん》でシールを貼《は》る。

しゅっせきカード

遊《あそ》び

登園《とうえん》してから朝《あさ》の会《かい》までの時間《じかん》は自由時間《じゆうじかん》。
みんなで仲良《なかよ》く遊《あそ》びます。

好《す》きな遊《あそ》びを見《み》つけて、仲良《なかよ》く遊《あそ》ぶ。

朝《あさ》の会《かい》

朝《あさ》の会《かい》はお当番《とうばん》さんが前《まえ》に出《で》て、ですます調《ちょう》で、クイズや出来事《できごと》などの話《はなし》をします。

手《て》を上《あ》げて質問《しつもん》をする。

お友達《ともだち》の前《まえ》でも大《おお》きな声《こえ》でお話《はなし》ができる。

お絵《え》描《か》き

お絵《え》描《か》きは子《こ》どもの豊《ゆた》かな心《こころ》を育《はぐく》みます。

豊《ゆた》かな心《こころ》を育《はぐく》む

合唱《がっしょう》

みんなで合唱《がっしょう》の練習《れんしゅう》をします。「みんなで何《なに》かをする」という社会性《しゃかいせい》の始《はじ》まりです。

昼食《ちゅうしょく》

昼食《ちゅうしょく》は食育《しょくいく》、お箸《はし》の持《も》ち方《かた》、食《た》べ方《かた》のしつけに大切《たいせつ》な時間《じかん》です。

歯磨《はみが》き

食事《しょくじ》の後《あと》は歯磨《はみが》きをします。歯《は》ブラシの持《も》ち方《かた》も勉強《べんきょう》します。

帰《かえ》りの会《かい》

帰《かえ》りの会《かい》では1日《にち》の振《ふ》り返《かえ》りや紙芝居《かみしばい》などをする。

降園《こうえん》

スクールバスで降園《こうえん》する。

幼稚園《ようちえん》で覚《おぼ》えておきたい事《こと》

京女式《きょうじょしき》ポイント

- 小学校《しょうがっこう》へ行《い》くまでに自立《じりつ》の芽《め》を育《そだ》てます。
- 自分《じぶん》でやらなければいけないことを1つ1つ確認《かくにん》します。
- できるまでくり返《かえ》し練習《れんしゅう》して、習慣付《しゅうかんづ》けるようにします。

早《はや》寝《ね》早《はや》起《お》き

- 1人で就寝《しゅうしん》、1人で起床《きしょう》。
- 朝食《ちょうしょく》が7時《じ》までに食《た》べられるように起床《きしょう》。
- 布団《ふとん》を整《ととの》える。

衣服《いふく》の着脱《ちゃくだつ》

着替《きが》えます

- パジャマから服《ふく》、制服《せいふく》に着替《きが》える。
- 体温調節《たいおんちょうせつ》、汗《あせ》をかいたら服《ふく》を着替《きが》える。
- 寒《さむ》いときは1枚《まい》はおる。
- 汚《よご》れたら着替《きが》える。

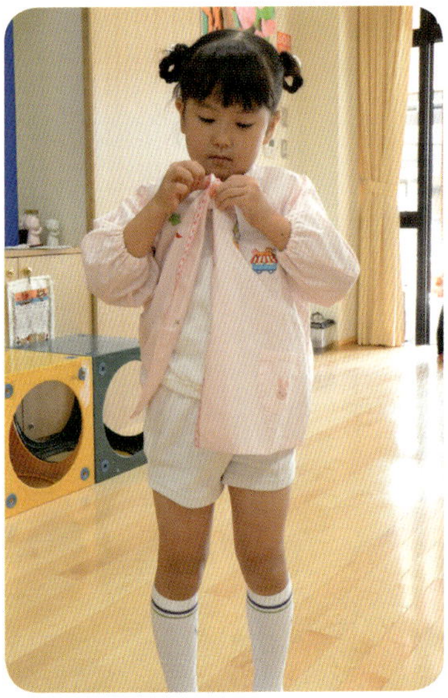

幼稚園《ようちえん》には制服《せいふく》で登園《とうえん》する。活動《かつどう》しやすい服装《ふくそう》に着替《きが》える。

ハンガーにかけます

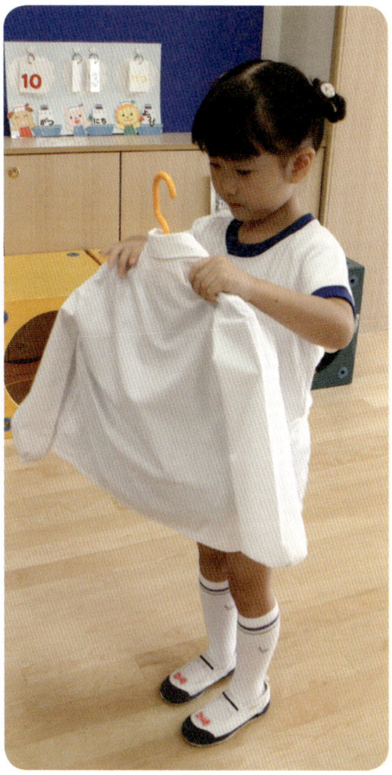

しわにならないように、ハンガーにかけて、ロッカーに保管《ほかん》する。

服《ふく》をたたみます

持《も》って帰《かえ》る服《ふく》はたたんで、かばんに片付《かたづ》ける。

食事《しょくじ》

感謝《かんしゃ》の気持《きも》ちを持《も》っていただきます

いただきます

多《おお》くの方《かた》のおかげで食事《しょくじ》をいただくことができました。ありがとうございます。

お箸《はし》が使《つか》えます

食事《しょくじ》のマナーを守《まも》り、お箸《はし》が上手《じょうず》に使《つか》えるようにする。

決《き》められた時間内《じかんない》に食《た》べ終《お》わることができます

好《す》き嫌《きら》いをなくします / 完食《かんしょく》

何《なん》でも残《のこ》さず食《た》べられるようになりました。ぴかぴかのお弁当箱《べんとうばこ》です。

食《た》べ終《お》わったら、食器《しょっき》を片付《かたづ》けます

片付《かたづ》けて

食《た》べ終《お》わったら、
自分《じぶん》で片付《かたづ》ける。

食事《しょくじ》の後《あと》に歯磨《はみが》きをします

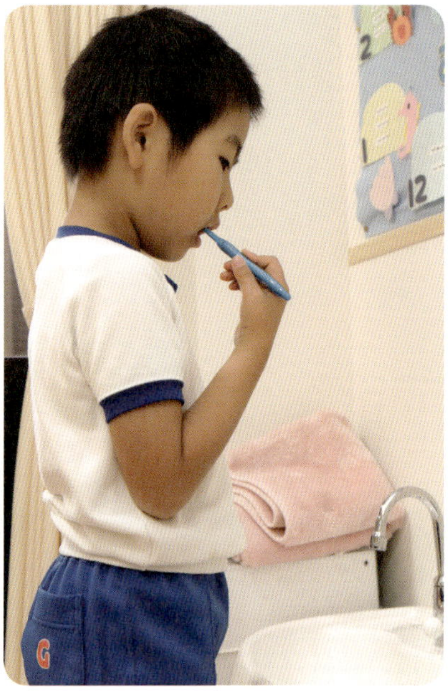

排泄《はいせつ》

決《き》められた時間《じかん》に、用便《ようべん》を済《す》ます習慣《しゅうかん》を付《つ》けます

トイレの順番《じゅんばん》が待《ま》てるよ

手《て》を洗《あら》います

石鹸《せっけん》で洗《あら》って

スリッパを直《なお》します

スリッパをそろえるよ

次《つぎ》の人《ひと》が気持《きも》ち良《よ》く使《つか》えるように直《なお》しておく。

トイレに行《い》った後《あと》、身《み》だしなみを整《ととの》えます

自分《じぶん》で気《き》づき直《なお》せるようにする。

便器《べんき》が汚《よご》れたら、大人《おとな》に知《し》らせます

自分《じぶん》でできないと思《おも》ったら、先生《せんせい》にきちんと報告《ほうこく》する。

基本的《きほんてき》なあいさつ

あいさつ

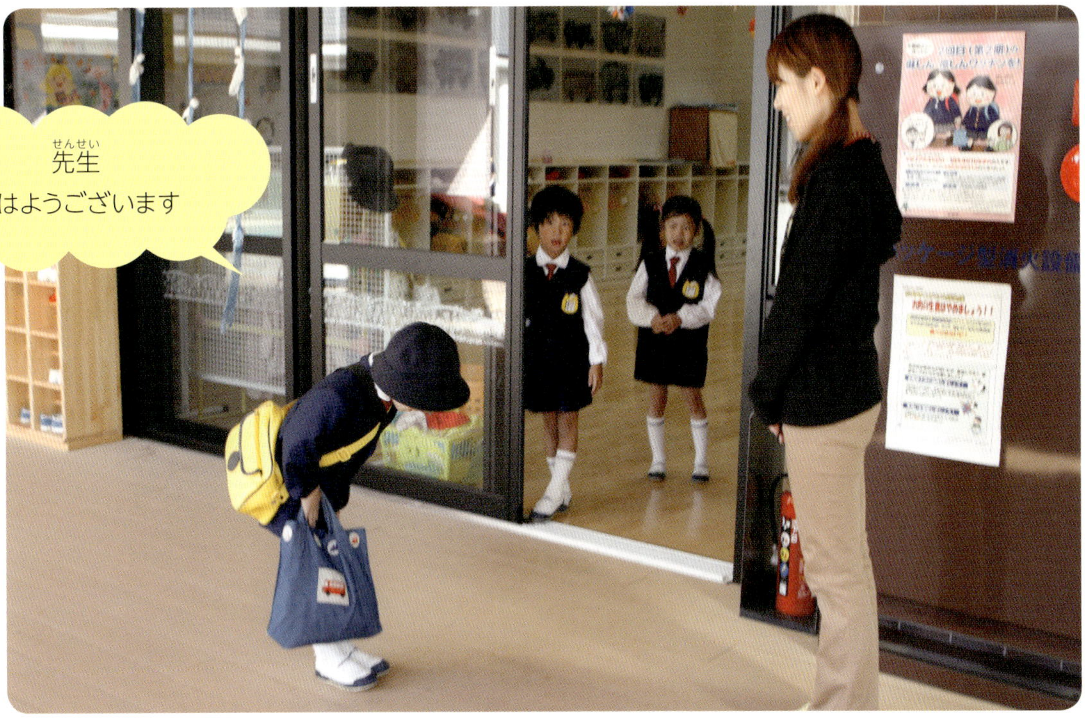
先生《せんせい》
おはようございます

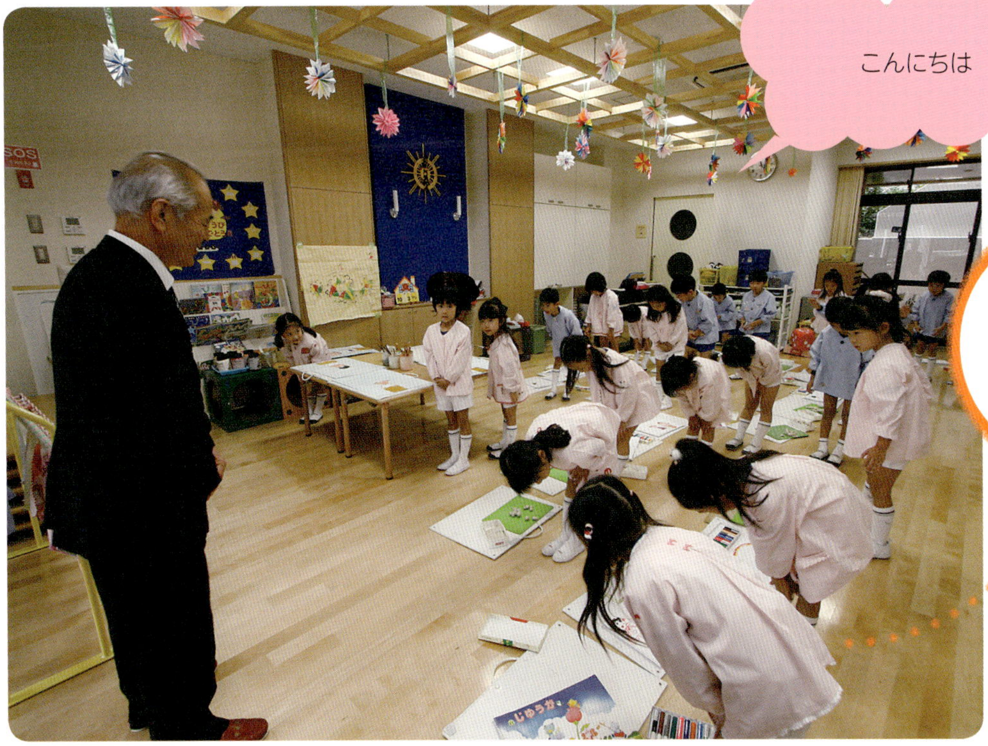
こんにちは
きちんと
おじぎをする

お片付《かたづ》け

使《つか》ったものを、元《もと》の場所《ばしょ》にかえします

いすを運《はこ》ぶ。

次《つぎ》に使《つか》えるようにお道具箱《どうぐばこ》に片付《かたづ》ける。

決《き》まった場所《ばしょ》に片付《かたづ》ける。すぐに取《と》り出《だ》せるようになる。

みんなで片付《かたづ》けようね

社会《しゃかい》のルール

簡単《かんたん》な約束《やくそく》が、守《まも》れるようになります

自分《じぶん》たちで決《き》めた
ルールを
きちんと守《まも》る。

お話《はなし》をきちんと聞《き》けるよ

体力《たいりょく》

活発《かっぱつ》に走《はし》ったり、歩《ある》いたりします

体《からだ》を動《うご》かすのって、
楽《たの》しいね

卒園式《そつえんしき》

京女式《きょうじょしき》ポイント

- 卒園《そつえん》できたことを家族《かぞく》や周《まわ》りの人《ひと》に感謝《かんしゃ》します。
- 卒園式《そつえんしき》は、大《おお》きなけじめの日《ひ》。お別《わか》れの式《しき》ではなく、今日《きょう》から新《あら》たにスタートする旅立《たびだ》ちの式《しき》です。

未来《みらい》に向《む》かって、スタートします

卒園式《そつえんしき》では、友達《ともだち》と別《わか》れてさみしいかもしれませんが、子《こ》どもたちはわくわく、どきどき、未来《みらい》に向《む》かって、今日《きょう》から新《あら》たにスタートします。

卒園式《そつえんしき》の始《はじ》まり。園児《えんじ》たちが入場《にゅうじょう》する。

園児《えんじ》たちが整列《せいれつ》して、お話《はなし》を聞《き》く。

1人1人、卒園証書《そつえんしょうしょ》が手渡《てわた》される。

卒園証書《そつえんしょうしょ》を誇《ほこ》らしげに受《う》け取《と》る。

部屋《へや》に戻《もど》り、先生《せんせい》からケースに
入《はい》った卒園証書《そつえんしょうしょ》が手渡《てわた》される。

園児《えんじ》たちはみんな
晴《は》れやかな笑顔《えがお》で
この日《ひ》を過《す》ごす。

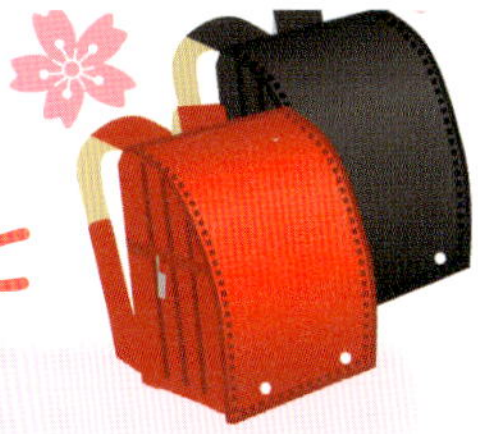

卒園後《そつえんご》、小学校入学《しょうがっこうにゅうがく》までに準備《じゅんび》しておきたいこと

- 持《も》ち物《もの》のしたくを自分《じぶん》でする。
- 持《も》ち物《もの》に名前《なまえ》を書《か》く習慣《しゅうかん》を付《つ》ける。
- 自分《じぶん》の荷物《にもつ》は自分《じぶん》で持《も》つ。
- 通学路《つうがくろ》を確認《かくにん》する。
- 子《こ》ども110番《ばん》の場所《ばしょ》を確認《かくにん》しておく。
- 学校《がっこう》の名前《なまえ》が言《い》える。
- 緊急時《きんきゅうじ》の連絡《れんらく》の取《と》り方《かた》を把握《はあく》しておく。
- 公共交通機関《こうきょうこうつうきかん》の利用《りよう》の仕方《しかた》を確認《かくにん》しておく。
- 名前《なまえ》、住所《じゅうしょ》を伝《つた》えられるようにしておく。
- 電話《でんわ》の受《う》け答《こた》えができるようになる。
- 鍵《かぎ》の開《あ》け方《かた》を知《し》っておく。
- エレベーター、エスカレーターに乗《の》る時《とき》のマナーを知《し》る。
- 一定《いってい》の時間《じかん》、1人でも机《つくえ》に座《すわ》ることができる。

Column ❸
5歳までに家庭で覚えたいこと

「早寝、早起き、3食しっかりと食べる、整理整頓ができる、忘れ物をしない」。このような基本的な生活習慣を5歳の年齢までにしっかりと確立しておきたいものです。

絵本を見ることももちろんですが、人のお話をじっくり、しっかりと聞けるようになるのもこの時期に覚えてほしいことです。

早寝、早起き、3食しっかりと食べる、整理整頓、忘れ物をしないなど、どの項目も、最初は時間に余裕を持って楽しみながら進めていき、徐々に時間内に済ませることができるようにします。そして、当たり前の習慣になるようにしていきましょう。

そういう環境を整えてあげられるように、おとながまず時間に余裕を持って子どもに接していくことが大切だと考えます。

「家では何でも話せる」というように家族と過ごす時間が心地いいと子どもが感じられるようになることが大切です。多くの人に見守られているという、絶対的な安心感を5歳までの時期に味わうことが重要です。

第４章
衛生と安全

京女式《きょうじょしき》ポイント

- ポイントは「つめ、ハンカチ、ティッシュ」の3点《てん》セット。
- 身《み》に付《つ》けるものはいつもきれいに保《たも》ちましょう。

いつも清潔《せいけつ》に

つめが伸《の》びていませんか？

ハンカチ、ティッシュペーパーを学校《がっこう》に持《も》ってきていますか？

毎日《まいにち》、取《と》りかえましょう

汚《よご》れやすいもの

- 下着《したぎ》
- くつした
- ハンカチ

毎週《まいしゅう》、洗《あら》いましょう

- 体操服《たいそうふく》
- 赤白帽子《あかしろぼうし》
- 上《うえ》ばき
- スモック

ハンカチは便利《べんり》

1.けがをした時《とき》、傷口《きずぐち》に当《あ》てて血《ち》を止《と》めることができる。

2.「火事《かじ》の時《とき》はハンカチを口《くち》に当《あ》てて避難《ひなん》しましょう」と言《い》うのは、煙《けむり》を吸《す》わないため、命《いのち》を守《まも》るための方法《ほうほう》である。

3.打撲《だぼく》のけがをした時《とき》、ハンカチを濡《ぬ》らして当《あ》てておくと冷《ひ》やすことができる。氷《こおり》などがすぐに手《て》に入《はい》らないときに便利《べんり》。

4.けがによる出血《しゅっけつ》を止《と》めることができる。傷口《きずぐち》より心臓《しんぞう》に近《ちか》いところをハンカチでしばると、血《ち》が止《と》まる。

病気《びょうき》を防《ふせ》ぐ

京女式《きょうじょしき》ポイント

- 病気《びょうき》にならない体《からだ》づくりは、元気《げんき》に過《す》ごすために大切《たいせつ》なことです。
- 外《そと》から帰宅後《きたくご》の手洗《てあら》い・うがい、食生活《しょくせいかつ》の充実《じゅうじつ》、規則正《きそくただ》しい暮《く》らし、体《からだ》をきたえることに気《き》を付《つ》けましょう。

病気《びょうき》を防《ふせ》ぐために

うがいをする

病気《びょうき》の原因《げんいん》のバイ菌《きん》を
体《からだ》の中《なか》に入《い》れません

手洗《てあら》いをする

好《す》き嫌《きら》いをしないで食《た》べる

規則正《きそくただ》しい
暮《く》らしをする

体《からだ》をきたえる

病気《びょうき》に負《ま》けない体《からだ》を
つくります

自分《じぶん》でできる応急手当《おうきゅうてあて》

京女式《きょうじょしき》ポイント

- 自分《じぶん》１人でできる手当《てあて》をしてから、保健室《ほけんしつ》に行《い》きましょう。
- 学校以外《がっこういがい》の場所《ばしょ》でけがをした時《とき》にも役立《やくだ》ちます。

応急手当《おうきゅうてあて》を覚えましょう

すり傷《きず》

水道《すいどう》の水《みず》を出《だ》して

傷口《きずぐち》のまわりの汚《よご》れもしっかり洗《あら》い流《なが》します！

鼻血《はなぢ》

少《すこ》しうつむいて小鼻《こばな》をぎゅっとつまむ

小鼻《こばな》は鼻《はな》の両《りょう》わきのくぼみ

上《うえ》を向《む》くと、血《ち》が食道《しょくどう》から胃《い》に流《なが》れこんでしまいます。人《ひと》によっては気分《きぶん》が悪《わる》くなって吐《は》いてしまうこともあるので、上《うえ》は向《む》きません。

切《き》り傷《きず》

切《き》ったところを顔《かお》の高《たか》さまで上《あ》げて、きずのすぐ下《した》をぎゅっとおさえる

まず血《ち》を止《と》めることが大切《たいせつ》です！

打撲《だぼく》・突《つ》き指《ゆび》・やけど

とにかく冷《ひ》やす！

校内《こうない》・校外《こうがい》の危険《きけん》

京女式《きょうじょしき》ポイント

- 学校《がっこう》は潜在的《せんざいてき》な危険《きけん》が多《おお》い。
- 思《おも》わぬところで事故《じこ》が起《お》きることに気付《きづ》かせ、安全《あんぜん》な生活《せいかつ》を習慣《しゅうかん》付けます。

廊下《ろうか》を走《はし》っていませんか？

廊下《ろうか》で遊《あそ》んでいませんか？

交通《こうつう》ルールを守《まも》っていますか？

自転車《じてんしゃ》の
2人乗《の》りはしない

信号《しんごう》が
青《あお》になってから渡《わた》る

道路《どうろ》は
右側《みぎがわ》を歩《ある》く

急《きゅう》に道路《どうろ》に
飛《と》び出《だ》さない

学校《がっこう》での 避難訓練《ひなんくんれん》

京女式《きょうじょしき》ポイント

- 命《いのち》を守《まも》るには、緊急事態《きんきゅうじたい》にどのようにするか日常《にちじょう》から考《かんが》えておくことが大事《だいじ》です。
- 避難訓練《ひなんくんれん》をして、自分《じぶん》の行動《こうどう》を確《たし》かめておくことが大切《たいせつ》です。

火事《かじ》で避難《ひなん》をするときは「おはしもて」を守《まも》りましょう

おさない
はやく!
はしらない
しゃべらない
もどらない
わすれもの!
ていがくねん ゆうせん
1の1

悪《わる》い人《ひと》から身《み》を守《まも》ろう

京女式《きょうじょしき》ポイント

- 不審者《ふしんしゃ》に出遭《であ》ったときの対応《たいおう》を子《こ》どもに身《み》に付《つ》けておかせることが安全《あんぜん》につながります。
- 不審者対応《ふしんしゃたいおう》は、家庭《かてい》のしつけとして教《おし》えておきたい事柄《ことがら》です。

不審者対策《ふしんしゃたいさく》

外《そと》で遊《あそ》ぶ時《とき》は1人では遊《あそ》ばない。

遠回《とおまわ》りでも暗《くら》い道《みち》を通《とお》らずに、明《あか》るく、人《ひと》がいる道《みち》を通《とお》る。

エレベーターには１人ではなるべく乗《の》らない。

怖《こわ》いと思《おも》った時《とき》は大声《おおごえ》を出《だ》す。

困《こま》ったときに連絡《れんらく》するところを覚《おぼ》えておく。

災害《さいがい》に気《き》をつけよう

京女式《きょうじょしき》ポイント

- 災害《さいがい》は突然《とつぜん》やってきます。
- 非常時《ひじょうじ》に慌《あわ》てないよう、日《ひ》ごろから訓練《くんれん》しておきましょう。
- 自然《しぜん》を侮《あなど》らないこと。

台風《たいふう》や強《つよ》い雨《あめ》・風《かぜ》のとき

注意点《ちゅういてん》を家族《かぞく》の人《ひと》と確認《かくにん》しておきましょう。

できるだけ外《そと》に出《で》ない

地下《ちか》に行《い》かない

溝《みぞ》やマンホールに近《ちか》づかない

海《うみ》や川《かわ》に近《ちか》づかない

地震《じしん》のとき

注意点《ちゅういてん》を家族《かぞく》の人《ひと》と確認《かくにん》しておきましょう。

テーブルや机《つくえ》の下《した》に隠《かく》れる。

塀《へい》や自動販売機《じどうはんばいき》に近《ちか》づかない。

切《き》れたり垂《た》れさがったりした電線《でんせん》を触《さわ》らない。

海《うみ》や川《かわ》に近《ちか》づかない。

避難場所《ひなんばしょ》を確認《かくにん》しよう。

安全《あんぜん》チェック

京女式《きょうじょしき》ポイント

●自分《じぶん》の行動《こうどう》を見直《みなお》す上《うえ》で、ときどきチェックしましょう。
●危険《きけん》な場所《ばしょ》、危険《きけん》なときの対応《たいおう》を子《こ》どもに教《おし》えておくことはおとなの責任《せきにん》です。

出《で》かける前《まえ》にチェックしよう

家《いえ》の人《ひと》に話《はな》すことは

1. だれと ☐
2. どこへ ☐
3. どんな目的《もくてき》で ☐
4. 帰《かえ》る時間《じかん》は ☐

服装《ふくそう》は

4. はでな服装《ふくそう》になっていないか ☐
5. だらしのない服装《ふくそう》になっていないか ☐
6. くつは歩《ある》きやすいか ☐

持《も》ちものは

8. きけんなものは持《も》たない ☐
9. よぶんなものは持《も》たない ☐

町《まち》を歩《ある》くときは

10. 知《し》っている人《ひと》に出会《であ》ったらきちんとあいさつ ☐
11. 不審《ふしん》なところに近《ちか》づかない ☐

遊《あそ》び方《かた》は

12. 一人《ひとり》で遊《あそ》ばない ☐
13. 危《あぶ》ない場所《ばしょ》では遊《あそ》ばない ☐
14. 公園《こうえん》などの大勢人《おおぜいひと》が集《あつ》まる所《ところ》では、他《ほか》の人《ひと》にめいわくをかけない。 ☐
15. 盛《さか》り場《ば》に子《こ》どもだけでは行《い》かない ☐

あぶない目《め》にあわないためには

16. 悪《わる》いさそいにはぜったいにのらない ☐
17. 知《し》らない人《ひと》にはついていかない ☐
18. 道《みち》をきかれたら、その場《ば》で教《おし》える ☐
19. 人通《ひとどお》りの少《すく》ない道《みち》は歩《ある》かない ☐
20. 危《あぶ》ない目《め》にあいそうになったら大声《おおごえ》で助《たす》けを求《もと》める ☐

合格《ごうかく》！行《い》ってらっしゃい

危《あぶ》ない目《め》にあいそうになったら、すぐに110番《ばん》

生活《せいかつ》リズムチェック

京女式《きょうじょしき》ポイント

- 生活《せいかつ》リズムが整《ととの》うと心《こころ》も体《からだ》も快適《かいてき》になり、1日《にち》が楽《たの》しくなります。
- 生活《せいかつ》リズムをチェックすることで子《こ》どもの心《こころ》の中《なか》にある課題《かだい》や問題《もんだい》に気付《きづ》くことが多《おお》い。

生活《せいかつ》リズムをチェックしよう

チェック表《ひょう》

	1点《てん》	2点《てん》	3点《てん》	点数《てんすう》
1. 朝《あさ》は何時《なんじ》に起《お》きますか？	①8時以降《じいこう》	②7～8時《じ》	③7時前《じまえ》	
2. 朝《あさ》は自分《じぶん》で起《お》きますか？ （目覚《めざ》まし時計《どけい》で起《お》きる場合《ばあい》も「自分《じぶん》で起《お》きる」です）	①いつも起《お》こされる	②ときどき自分《じぶん》で起《お》きる	③たいてい自分《じぶん》で起《お》きる	
3. 朝《あさ》ごはんは食《た》べますか？	①いつも食《た》べない	②時々食《ときどきた》べる	③たいてい食《た》べる	
4. 午前中《ごぜんちゅう》の体《からだ》の具合《ぐあい》はどうですか？	①だるく、疲《つか》れる	②時々元気《ときどきげんき》が出《で》ない	③たいてい元気《げんき》いっぱい	
5. 昼間《ひるま》に眠《ねむ》くなりますか？	①毎日眠《まいにちねむ》くなる	②時々眠《ときどきねむ》くなる	③眠《ねむ》くならない	
6. 毎日《まいにち》どのくらい運動《うんどう》しますか？	①30分以内《ぷんいない》	②30分《ぷん》～1時間《じかん》	③1時間以上《じかんいじょう》	
7. 毎日《まいにち》どのくらいの時間《じかん》テレビゲームなどをしますか？	①1時間以上《じかんいじょう》	②30分《ぷん》～1時間《じかん》	③30分以内《ぷんいない》	
8. ちょっとしたことでイライラすることがありますか？	①よくある	②ときどきある	③ほとんどない	
9. 気分《きぶん》が落《お》ち込《こ》むことはありますか？	①よくある	②ときどきある	③ほとんどない	
10. 夕食《ゆうしょく》は誰《だれ》と食《た》べますか？	①いつも1人で食《た》べる	②ときどき1人で食《た》べる	③いつも家族《かぞく》で食《た》べる	
11. 寝《ね》る前《まえ》に夜食《やしょく》を食《た》べますか？	①たいてい食《た》べる	②時々食《ときどきた》べる	③食《た》べない	
12. 寝《ね》る時間《じかん》は？ （日《ひ》によって2時間以上《じかんいじょう》ずれる場合《ばあい》は①と答《こた》えましょう）	①毎日《まいにち》バラバラ	②たまにずれる	③だいたい決《き》まっている	
13. 寝《ね》る時間《じかん》はだいたい何時《なんじ》くらい？	①夜《よる》10時以降《じいこう》	②夜《よる》9～10時《じ》	③夜《よる》9時前《じまえ》	
14. 寝《ね》るとき、すぐに眠《ねむ》れる？	①すぐに眠《ねむ》れない	②ときどきすぐに眠《ねむ》れない	③すぐに眠《ねむ》れる	
				合計《ごうけい》 点《てん》

40点以上《てんいじょう》 ばっちり 合格点《ごうかくてん》

30～39点以上《てんいじょう》 ゆうゆう 合格点《ごうかくてん》

20～29点以上《てんいじょう》 ギリギリ 合格点《ごうかくてん》

19点以下《てんいか》 心配《しんぱい》です！ 生活《せいかつ》リズムを整《ととの》え、改善《かいぜん》しましょう。

Column ❹
汚れた体操服

言葉は、意欲を高めることもあります。しかし臆病にさせることもあります。小学１年生を担任した時の体操服の出来事がそうです。

その日、雨上がりの運動場は土が軟らかく、水たまりがあちこちにできていました。かけっこや鬼ごっこをしました。水たまりをよけて走るという器用さは１年生にはありません。泥が背中まではね上がり真新しい体操服はたちまち、泥で汚れてしまったのです。これが１年生には、うれしく、大得意なのです。

翌日、意気揚々と登校してきた子がいました。泥で汚れた体操服を差し出し、楽しかったことを得意気に胸を張って話したのです。「お母さんもうれしいわ。喜んで洗濯するわ。汚れた体操服は宝物だから。」と、洗濯を快く引き受けました。

一方、意気消沈して登校してきた子もいました。体操服の汚れを叱られたようです。洗濯をしても白くならないことに困惑したお母さんの姿を見ていたのです。体操服を見て、ため息をつくお母さんの様子から、何か悪いことをしたように感じたのです。

その後、他の学習で取り組みが違ってきました。図工では、絵の具の汚れを気にせず大胆に色遊びに取り組む。粘土遊びでは顔中に粘土を付けながら夢中になる子が前者。服の汚れを気にして、度々、活動が控えめになった子が後者と分かれたのです。

朝、学校へ送り出す時、帰ってきた子を迎える時の親の態度や言葉は、子どもの心や生活を育てるしつけの基本です。

おわりに

京都女子大学附属小学校は、「国語力は人間力」を合い言葉に、「京女式ノート指導」などを工夫し落ち着いた学校にしようと実践を積み上げてきました。ノートや挨拶が教育の成果をあげたのは、日頃、家庭や学校で地道にも見える「しつけ」を大事にしてきたからであるということがわかってきました。

「しつけ」の大事さを保護者の方に話をしたときです。「学校の様子は、子どもの言葉が頼りで実際がわからない。」「家では、しっかり、育てているけれど、他のご家庭では、どうしておられるのか気になる。」「お母さんどうするのと聞かれると、えっと思ってしまいます。時々、これでいいのかなと迷います。」というお話をお聞きしました。「しつけ」を通して家庭と学校のつながりも大事であることに気づきました。「しつけ」は具体的な姿で教えないと身に付きません。「しつけ」は生活や学習の態度に大きな関わりがあります。「しつけ」が整うと、学校や家庭の生活が落ち着きます。子どもが意欲的になり、利口になります。

今更のようにも思えますが、「しつけ」と「学業」は一体のものです。そのことは、誰もが知っています。でも、子どもを前にして、どのようにさせればいいのかということは意外に知らないことが多いのです。

京都女子大学附属小学校では、みんなで智恵と経験を出し合い学校として共通実践をしてきました。幸い、建学の精神と五十年の伝統、先輩の皆さんが育ててくださった形がありました。伝統と新しさを一体にして形にしました。多くの皆様のご縁のおかげにより本書にまとめることができました。

平成24年3月

京都女子大学教授
京都女子大学附属小学校校長
吉永 幸司

京都女子大学附属小学校・編

吉永 幸司・著

profile●吉永 幸司（よしなが こうし）

1940年滋賀県長浜市に生まれる。
滋賀大学学芸学部卒業。
滋賀大学教育学部附属小学校教諭（26年間）、同副校長、公立小学校校長を経て、現在、京都女子大学教授・同附属小学校校長。著書に『考える子どもを育てる 京女式ノート指導術 小学校国語』『京女式ノート指導術2』『吉永幸司の国語教室』『新任教師力』（以上小学館）、『「書くこと」で育つ学習力・人間力』（明治図書）他多数。第27回「読売教育賞」（読売新聞社）、「優秀教育企画賞」（全国初等教育研究所）他受賞多数。
ホームページ　http://kokugo-k.com/

デザイン◆trispiral藤崎知子
イラスト◆やひろきよみ、てしばまさみ、杉山真理、
畠山きょうこ、塚本和子
撮影◆武美静香（プレスセンター大阪）
編集協力◆浅原孝子
編集◆和田国明

オールカラー・ビジュアル版
親子で学ぶ
京女式しつけ術

2012年3月21日　初版第1刷発行
2024年3月30日　第2刷発行

著　者　吉永 幸司
発行人　北川 吉隆
発行所　小学館
〒101-8001
東京都千代田区一ツ橋2-3-1
電話　編集03-3230-5547
販売03-5281-3555
印刷所　株式会社美松堂
製本所　株式会社若林製本工場

ISBN978-4-09-840128-4